本书作者所得稿费

将通过美团公益平台捐出

# 新餐饮时代：做五有餐厅

白秀峰 著

## 图书在版编目（CIP）数据

新餐饮时代：做五有餐厅 / 白秀峰著 . —北京：机械工业出版社，2019.3（2019.10 重印）
ISBN 978-7-111-62187-4

Ⅰ . ①新… Ⅱ . ①白… Ⅲ . ①餐馆 – 经营管理 Ⅳ . ① F719.3

中国版本图书馆 CIP 数据核字（2019）第 040942 号

机械工业出版社（北京市百万庄大街 22 号　邮政编码 100037）
策划编辑：胡嘉兴　　　责任编辑：胡嘉兴
责任校对：李　伟　　　责任印制：孙　炜
北京联兴盛业印刷股份有限公司印刷
2019 年 10 月第 1 版第 2 次印刷
145mm×210mm · 9.25 印张 · 3 插页 · 217 千字
标准书号：ISBN 978-7-111-62187-4
定价：88.00 元

凡购本书，如有缺页、倒页、脱页，由本社发行部调换

| 电话服务 | 网络服务 |
| --- | --- |
| 服务咨询热线：010-88361066 | 机工官网：www.cmpbook.com |
| 读者购书热线：010-68326294 | 机工官博：weibo.com/cmp1952 |
| 　　　　　　010-88379203 | 金 书 网：www.golden-book.com |
| 封面无防伪标均为盗版 | 教育服务网：www.cmpedu.com |

# 序

我在互联网行业工作了近十八年，其中，前十年我经历了中国互联网公司迅猛发展的时期，后几年我选择在餐饮互联网这个领域深耕，做过第一拨餐饮CRM业务，也做过第一拨餐饮云收银业务，都是这个行业最苦的业务，但苦的好处在于能让我更近距离地接触餐饮业，能更深刻地理解这个行业。这本书的写作过程，就是我从一个餐饮互联网从业者的角度去深度思考、总结、梳理餐饮行业的过程。在这里，为什么叫餐饮互联网，而不叫互联网餐饮呢？我认为其中的核心关键词是餐饮，而不是互联网。互联网只是个工具、是个手段。其本质是行业、是产业。所以，虽然我一直在互联网行业工作，但我更愿意把自己定义成餐饮互联网人，而不是互联网餐饮人，这背后是对餐饮这个古老而又传统的行业的敬畏。

曾经，很多记者采访我的时候会问："现在大家都在谈产业互联网，产业互联网相比流量互联网最重要的能力体现在哪儿呢？"我说："有两个能力，第一个是对行业、对产业的深刻理解。如果都不理解行业的基本场景、基本逻辑，还天天喊着要赋能、要颠覆，那纯粹是胡说。第二个是有耐心。进入产业互联网阶段就意味着'一夜暴富'的年代过去了，公司三五年就上市，创业者们快速走上人生巅峰的故事基本上不会再发生了，现在的创业机会也进入了'深水区'，只有基于对某一行业的深入理解，练好基本功，才能发现更大的机会。想提升产业效率，不是一朝一夕的事情，心态首先要摆正，就像美团内部一直强调的，要长期有耐心，对未来越有信心，对现在越有耐心。"

经济的发展，短期看消费，长期看供给。就像这几年新茶饮的发展如火如荼，不是因为喝奶茶的人突然多了起来，而是由于大量新的品牌、新的品类、新的口味的出现带来了供给侧的提升，自然带动了整体消费的增长。

从这个逻辑上说，在如今餐饮行业的消费侧数字化已经基本实现的情况下，我们对供给侧数字化提升才刚刚开始，而供给侧数字化提升一定是餐饮行业发展的巨大引擎，可者说是重要驱动力。

这本书叫《新餐饮时代：做五有餐厅》，什么是新餐饮时代？为什么有这个提法呢？

2016年下半年，美团创始人兼CEO王兴提出了"互联网进入了下半场"的判断。2016年年底，美团高级副总裁王慧文对此进行进一步解释，下半场的含义包含了三个层面，第一是美团点评这家公司要进入下半场；第二是互联网和移动互联网行业要进入下半场；第三是中国经济包括全球经济要进入下半场。

如果用一句话来解释下半场的含义，就是每一个行业都将迎来更深入、更垂直地发展，同时需要更精细化的运营能力。

放眼餐饮行业，基于消费侧的用户数量不会有太大的增长，用户的消费习惯会更线上化，用户更年轻化，他们对去餐厅消费的诉求也在更细分化。从成本角度来说，房租、人工、食材的成本可能会不断上涨，餐饮企业如何面对这种状况来提升业绩，是我们面临的行业问题、社会问题，或者说是一个新时代的问题，我把它称为新餐饮时代。那么，如何深入理解新餐饮时代的特征以及具体到一个门店该如何应对这个新时代呢？这本书没有谈生产环节（菜品环节），而是更多地从用户、行业，以及美团点评这家定位于产业互联网的公司如何服务这个产业等角度来总结分析，希望能给从事餐饮行业的朋友们带来一些借鉴和思考。

最后，感谢购买这本书的每一位朋友，本书的稿费收益会通过美团公益捐出。

# 目录

序

**第1章**
**这5年餐饮行业发生了哪些变化 / 001**

1.1 餐饮消费的持续增长体现了人们对美好生活的向往 / 003

1.2 用户端的消费升级刺激了行业的升级 / 007

1.3 每个倒闭的餐厅平均寿命周期只有508天 / 010

1.4 餐厅经营模式迭代速度加快 / 013

1.5 供应链能力将成为连锁餐饮企业的核心竞争力 / 021

1.6 平台的发展让用户的行为场景越来越集中到线上 / 024

1.7 餐饮管理软件的发展提升了餐厅精细化经营的水平 / 027

**第2章**
**中国餐饮业的"旧"与"新" / 039**

2.1 中国餐饮的起步期 / 041

2.2 中国餐饮的发展期 / 044

2.3 中国餐饮的理性期 / 056

2.4 中国餐饮的升级期 / 059

## 第 3 章
## 新餐饮的四大特征 / 065

3.1 线上线下一体化 / 067

3.2 数据化 / 075

3.3 餐饮零售化 / 090

3.4 餐饮科技化 / 099

## 第 4 章
## 用户消费习惯的变化 / 107

4.1 年轻化："85 后""90 后"成为消费主力军 / 109

4.2 懒：永远存在的需求 / 114

4.3 空间感：空间是用户去餐厅消费的另一个理由 / 118

4.4 体验感：对体验的关注是消费升级的另一个表现 / 120

## 第 5 章
## 新餐饮时代，做五有餐厅 / 127

5.1 有模式：开店之前先写商业计划书 / 129

5.2 有品牌：再小的个体也可以有自己的品牌 / 141

5.3 有线上：有线上的目的是收集更多、更全的数据 / 163

5.4 有数据：数据是餐饮行业增长的新动能 / 156

5.5 有外卖：新餐饮做外卖，实战 28 招 / 182

## 第 6 章
## 中式烧烤业态分析及报告 / 223

6.1 中式烧烤增长迅速 / 225

6.2 中式烧烤消费者分析 / 227

6.3 中式烧烤行业的发展趋势 / 229

6.4 新餐饮外卖正在拓展中式烧烤的消费

场景 / 231

6.5 《2018 中式烧烤市场发展报告》之重点城市发展报告 / 232

**第 7 章**
**火锅市场分析及报告** / 243

7.1 火锅业态特点 / 245
7.2 火锅消费者分析 / 247
7.3 火锅行业发展趋势 / 248
7.4 《2018 年中国火锅报告》之细分品类报告 / 250

**第 8 章**
**新茶饮的分析及报告** / 259

8.1 2018 年是新茶饮的元年 / 261
8.2 消费者分析 / 266
8.3 美团点评《2019 中国饮品行业趋势发展报告》之用户数据洞察 / 269

**附录**
**产业互联网时代，美团点评六大服务** / 279

# 第1章
## 这5年餐饮行业发生了哪些变化

随着中国移动互联网进入下半场，中国经济进入下半场，世界经济也进入了下半场。中国经济的发展从量的发展到质的发展，中国移动互联网的发展也由人口红利驱动转向效率红利驱动，25~35岁的年轻用户成为消费主体，中国的本地服务行业尤其是餐饮行业也迎来了全新的发展阶段，而这些变化反映到餐饮行业，又能有哪些关于商业逻辑的总结呢？我们首先要通过对这些变化产生的原因进行思考，总结其背后的逻辑，从而提炼出新的思维和方法论，进而指导新阶段下的业务发展。

## 1.1 餐饮消费的持续增长体现了人们对美好生活的向往

随着中国经济这些年的快速发展，绝大多数人已经解决了自身的温饱问题。但这些年，人们对于吃的诉求却不减反增，相比以前单纯的吃饱，现在人们对吃的追求更多元化，吃出方便、吃出品质、吃出特色、吃出休闲、吃出健康、吃出仪式感，越来越成为主流现象。

餐饮行业近些年的发展，也直接表现出了人们对美好生活的向往。用王兴的话说，人们花的每一分钱，都是在为自己向往的生活投票。

截至 2017 年年底，中国餐饮业整体收入已突破 3.9 万亿元大关，预计这个数字在未来的 5 年内会增长到 8 万亿元。下图是美团点评餐饮学院制作的中国历年来餐饮行业收入及增速表现，虚柱是对之后几年数据的预估，其中 2017 年预测的数据在 2018 年得到了验证。从表中的数据上可以看出，虽然当下房租、人工、食材成本越来越高，但餐饮行业作为刺激内需的重要行业，还会迎来较大的增长。

从2013-2017年中国居民消费结构的数据来看,近年来,居民消费结构发生了明显的变化。食品类型消费的支出占整个居民收入的比例越来越低,但这并不意味着餐饮行业消费能力在下降,同时教育和医疗的支出比例在增加,这恰恰表明了居民生活水平的提升,对应的经济学解释叫作恩格尔系数。

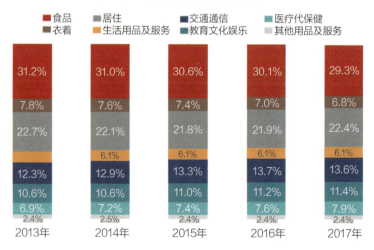

恩格尔系数指的是食品类开销占据个人所有开销总额的比重，恩格尔系数越高代表越贫困，反之则代表越富裕。我国人民的平均恩格尔系数近几年在不断降低，这并不代表人们对于食品的消费热情降低了，反而说明了我国人民的经济水平在逐步上升，更代表了人们的生活质量在不断攀升。

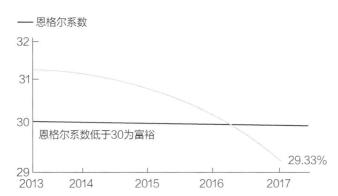

我国2013年至2017年恩格尔系数走势图

回顾一下历史，无论是学生、职员还是工人，在过去的工作和学习的时间里，仿佛都是人手一个大饭盒和一个大茶缸，到了午餐时间，大家匆匆忙忙地买一份饭菜，有的人则将各种菜肴混合在一起，活生生吃成了"东北乱炖"。吃完午饭后，每个人再拿出事先准备好的茶叶，一小把茶叶泡出的茶水就能喝上一天，朴实的中国人过的是大口吃饭、大口喝茶的快意人生。

如今，我们再看看周围人的午餐：精致多样的餐具，种类繁多的菜品，五花八门的饮品……我们已经从关心自己能不能吃饱，过渡到了考虑自己的营养搭配是否全面，审视食谱是否符合自己口味的精致饮食习惯的阶段。在校园食堂或者是城市的写字楼中，无论是粤菜、川菜、鲁菜、淮扬菜，还是浙菜、闽菜、湘菜、徽菜，抑或西餐、日本料理、韩国料理都已经屡见不鲜，品类多样成为常态。甚至是外卖的包装、餐具，还有送餐人员的送餐速度与服装整洁情况都在迅速地升级、迭代。到了下午，很多人还会点一份外卖甜点、水果、饮品，享受轻松惬意的下午茶时光。

和过去相比，现在的很多人像是变成了"一枚吃货"，对美好食物的追求成为每个人最基础的需求，并且对食物的要求越来越高，这直观地反映出了现代都市人群生活质量的变化。

党的十九大报告明确指出，中国特色社会主义进入了新时代，中国社会主要矛盾已经转化为人民日益增长的美好生活需要和不平衡不充分的发展之间的矛盾。中国经济从过去的高速增长转变为中低速增长，社会经济发展的重心已经转为追求更高的生活质量，经济基础决定着上层建筑，这对餐饮行业也有着深远的影响。我认为现阶段餐饮业在发展中存在的矛盾是，人们不断增长的对新消费的追求和餐饮业在服务、品质、口感、体验等方面发展不平衡之间的矛盾。

这里提到了一个名词，就是新消费，如何理解新消费呢？其相比旧消费的本质区别是什么呢？

我觉得两者最本质的区别就是消费观是否成熟，而消费观的成熟特征就是消费理念从"越便宜越好"转变为"满足自身情感需求的消费"，更注重高性价比，而不是只看品牌。反映到餐饮行业，就是随着生活质量的不断上升，人们开始重视食品的安全和餐饮消费所带来的幸福感、体验感和愉悦感。

## 1.2 用户端的消费升级刺激了行业的升级

从用户端产生的新消费需求，大家一般将其称为消费升级，餐饮行业的消费升级也对行业产生了很大影响，餐饮消费结构发生了变化，从传统的金字塔结构转变为橄榄型结构。

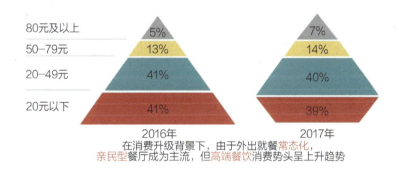

在消费升级背景下，由于外出就餐常态化，亲民型餐厅成为主流，但高端餐饮消费势头呈上升趋势

从餐饮行业的消费价格分布图中，我们能看出这几年餐饮行业出现了很明显的变化，即客单价在逐步上升。原来以"黄沙拉麻"（黄焖鸡米饭、沙县小吃、兰州拉面、麻辣烫）为主的低端消费的比例在逐步减少，占比从 2017 年的 39% 降到 36%，说明消费升级刺激了行业升级。与此同时，我们也看到高端消费比例在上升，并且呈现出快速增长的势头，这一点从大众点评 2018 年年初发布的黑珍珠餐厅指南后的消费趋势也能明显看出。

黑珍珠餐厅指南上的餐厅人均消费基本在 500 元以上，只要登上了黑珍珠指南，餐厅的客流就会有非常明显的增长，这一方面反映了中国需要有自己的米其林餐厅，另一方面也反映了人们对美食的向往和对生活仪式感的追求更加强烈。

为什么大众点评发布黑珍珠餐厅排行榜呢？呈现全球化趋势的今天，中餐也在走向世界，影响力之广泛，已经超出了大多数人的想象。但在可观的数据背后，大多数消费者对中餐的了解仍停留于滋味层面，而对其背后的饮食文化知之甚少，因此，拥有一份属于中国人自己的美食榜单迫在眉睫。

但在发布排行榜之前，有一个问题摆在眼前：做好一份美食榜单，尤其是一份适合中国人口味的美食榜，到底需要什么？王兴给出了答案：

"有爱、有钱、有耐心。有爱，指的不仅是对美食的天然热爱，更是一种超越味蕾的爱，因为美食是一个典型的科技、文化艺术和商业的完美结合；有钱，指的是投入大量的时间、精力和资金来做出一份好的美食榜，并且不指望从中挣钱，以确保榜单的公正性；有耐心，指的是所有事情都不是瞬间发生的，所有的成功，都是长时间耐心累积的结果。"

正如黑珍珠的另一个含义，它是璀璨的，它是有生命的，需要长期有耐心地维护，才能保持它的光泽，这也是大众点评自创立以来一直坚持的初心，希望在不久的将来，大众点评的黑珍珠餐厅排行榜会成为真正反映中国人口味的全球美食榜。

怎么评选出大众点评的黑珍珠餐厅呢？为了精选出更适合中国人味蕾的中国味道，也为了传承和发扬中国的饮食文化。大众点评汇聚了一批志趣相投的中国美食"探索者"，组成理事会、评审会去追寻中国味道。

理事会由包括川菜大师兰明路、国宴大师胡丽妹在内的中国美食烹饪领域知名大师及相关领域的杰出代表组成，用以保证"中国味蕾"评判的权威性；评审委员由美食研究者、美食文化传播者、大众点评资深用户代表组成，他们依据评审规则体验并打分；同时特邀热爱美食的企业家、媒体精英和其他对美食有深度体验的行业翘楚对评选和发布结果提供全方位意见和建议。

大众点评首创了中国饮食文化特色评价体系，涵盖了烹饪水平、餐厅水准、传承创新三个维度。评审委员根据他对餐厅进行的匿名造访，甄选出属于中国人的味道。除此之外，大众点评还引入了曾对奥斯卡评选进行公证的独立第三方机构——普华永道中天会计师事务所，对大众点评黑珍珠餐厅评审阶段工作执行商定程序，以确保评审的权威公正。在这份榜单中，我们找到了那些特别具有中国风格，又同时兼顾调性与服务特色的餐厅。我们关注中国传统文化，但并没有局限在中餐世界里。各种文化下符合我们的评选标准的餐厅，我们都愿意列入大众点评黑珍珠餐厅榜单中。我们要做的不仅是中国的黑珍珠，更是世界的米其林，推动发扬中国美食文化，领导世界的餐饮体系，彰显我们的文化自信。

## 1.3 每个倒闭的餐厅平均寿命周期只有 508 天

我经常说做餐饮，就像围城一样，不断有人进来，不断有人出去，这种现象在近些年体现得尤为明显。美团《中国餐饮报告 2018》中的数据显示，已倒闭餐厅的平均寿命仅有 508 天，餐饮行业的竞争压力再创新高，与此同时，还不知有多少店铺正处在倒闭的边缘。业内有种说法颇有调侃意味，但调侃中却也包含心酸——大部分的餐饮店可以分为两种，一种是倒闭的店铺，而另一种则是正在走向倒闭路上的店铺。

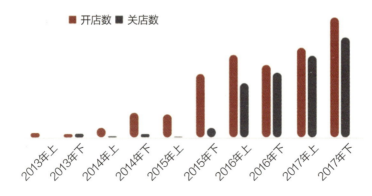

餐饮业一直以来都是一个新陈代谢非常迅速的行业,因为餐饮业的门槛相比其他行业较低,并且品类繁多。看起来,这是个显而易见的巨大蛋糕,也引得无数创业者投身其中。参与的人越多,竞争压力自然也就越大。你开一个铜锅涮肉店倒闭了,我就开一个川味火锅店,等我的川味火锅店也支撑不住的时候,还会有人再开一家串串香火锅店。"铁打的灶台,流水的厨师",餐饮行业永远都会热闹非凡。另一方面,餐饮行业又是一个非常辛苦的行业,"三更起五更眠",再加上复杂的产业链条,无论是食品的生产、开发还是加工、配送,最后到人员培训、服务消费者,任何一环节的复杂性足以让大部分刚刚涉足其中的创业者"蜕掉好几层皮"。

<u>房租、人工、食材是餐饮行业的三座大山</u>,其中最大的一座山应该是房租,而且这座山还不像珠穆朗玛峰的高度"只会降不会涨",近十年,餐饮房租成本增加了 5~10 倍,动辄 10 多元/平方米一天的价格,比写字楼的租金还要贵。但餐饮行业的毛利可是很难和写字楼里的公司相比的,单从这一点就可以看出餐厅房租的"贵"了。

在北京繁华地段,对于一家面积只有 20 平方米的小餐饮店来说,月租几千元是个什么概念呢?一位餐饮老板解释道:"就是说,你排队排'上天',也很难赚到钱。"

现在,很多餐饮品牌进驻商场不是为了正常经营,而是为了获取关注,在这样的环境下,餐饮人活得着实艰难。2017 年 4 月,周女士在某二线城市的美食广场开了家 15 平方米的快餐店,月租金 6000 元左右。店铺生意还可以,每月营收有 6 万元。"今年,商场把租金上调了 30%,现在每月租金近 8000 元。"周女士称,"租金上调后店铺的利润就更少了,比打工赚的钱也高不了多少。"而更让她担忧的是,如果明年租金再涨,自己就真的要做亏本生意了。

纳西姆·尼古拉斯·塔勒布在其著作《反脆弱》中写道:

> "餐饮业之所以能够成为世界上最强韧的行业,恰恰是因为每个餐馆都是脆弱的,每分钟都有餐馆关门破产。究其原因,就是因为餐饮业的竞争密度在不断增加。另一方面,餐厅的单体面积在不断缩小,标准化程度在提高,与此相应地,餐厅的落地速度也在加快。"

所以说,虽然如今餐厅的寿命在不断缩短,但这并不代表餐饮业没有商机,更不代表餐饮业即将没落,相反这代表着餐饮业的换血功能在不断增强,这对于消费者来说是一件好事,让消费者有更多选择余地以及有更多消费场景。总体而言,餐厅新开的数量依然高于停业数量,整体餐饮市场新开餐厅数量以 5% 的净增量在扩张。餐饮行业的季度性规律明显,2018 年上半年的净增率要明显高于 2018 年下半年。

可以想象,餐饮这个行业的各项成本在未来也许会越来越高,同时,在当下这个消费需求不断细分的时代,如何找到自己的客户群,满足自己的客户需求,对餐饮店显得尤为重要。这个时候也是考验餐饮人真正功底的时候,正如巴菲特那句名言——只有当潮水退去的时候,才知道是谁在裸泳。

## 1.4 餐厅经营模式迭代速度加快

在过去相当长的一段时间内，餐饮行业的投资回报率非常可观，投资一个200万元的店，半年就收回成本的现象非常普遍。但近几年，随着房地产的快速发展和城镇化的进程加快，以及越来越多"门口的野蛮人"的加入，创业者们发现，原来每天都有现金流的生意才是个好生意。短短几年，餐饮行业的竞争指数上升到了前所未有的高度，就像上文提到的数据，中国餐厅平均寿命只有508天。同时，我们来看看上市公司海底捞的财务指标，它的人力成本占比为30%，在房租占比不到5%的情况下，净利润占比也只有10%，而相比太多没有品牌溢价能力的企业，在没有房租红利的情况下，它们的净利润还能剩多少呢？

当然，越竞争就越会出现创新。这几年，我明显地看到了餐饮店发生的一些变化——大店往小店开、多品往单品开、正餐往快餐开、单店往连锁开、一二线往三四线开。

### 大店往小店开

以前，开个餐厅动辄上千平方米的面积，而如今，大店往小店开是趋势，就像日本的很多餐厅都很小、很精致，而且类型丰富，面积不到100平方米，却能给用户提供很多便利的选择。抛开房租和人力成本不谈，当外出就餐成了家常便饭后，客人去餐厅消费的第一要素就是没有压力，而那些小而美的餐厅就会成为年轻人的首选。

俏江南上海正大广场店就是典型的从大店往小店开的案例。据俏江南 CEO 杨秀龙介绍，俏江南上海正大广场店原来的面积是 3600 平方米，今年门店面积改成了 1185 平方米，改完之后门店目前的营业额与过去已经持平，从坪效上来比较，是原来门店的 2 倍多。

**多品往单品开**

无论是从交易量还是从影响力来评判，火锅这个品类都是中国餐饮所有业态里的"老大哥"。它不需要专业厨师且标准化程度高，又有特殊的文化属性和地域属性，"不知道吃什么，就吃火锅""吃火锅吃的就是热闹""要热闹就去吃火锅"，这样的消费认知加速了火锅业态在各个城市的快速发展。

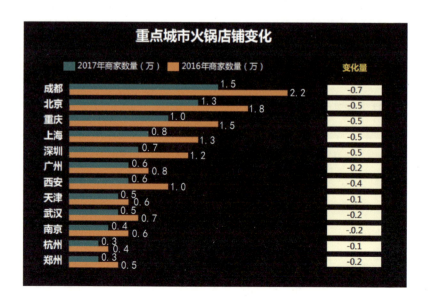

那么，如何在火锅这个大品类中拥有自己的特色呢？我们看到这些年出现了一个个单品火锅的品牌，比如专吃毛肚的火锅、专吃牛蛙的火锅、专吃鱼肉的火锅、专吃鸡肉的火锅、专吃牛肉的火锅……并且品类还在不断细分。

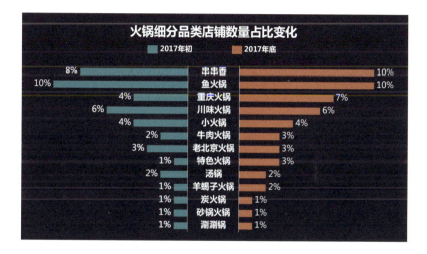

同时，火锅不光在品类上细分，连吃法也在细分。而最早改变火锅吃法的应该算是呷哺呷哺了，它把大锅改成单人锅，采用坐在吧台上就餐的方式，一个人涮一个锅，这是一种轻松、惬意的享受。

而近几年受到追捧的串串签火锅，就是另一种对吃法的改变。它把食材串在竹签上，在浓浓的底汤里涮一下，吃起来味道非常爽，由于单串收费只有几角钱，降低了用户点餐的压力，所以深受年轻人喜欢。

再以茶饮市场为例，茶饮在国内拥有千亿元级别的市场，逛街时随处可见很多姑娘手里都拿杯奶茶，这逐渐成了一种时尚的生活方式。主打芝士奶盖茶的喜茶、主打"AI给答案"的答案茶、主打日本风格的无邪茶、主打中国风的茶颜悦色等品牌进入市场，使竞争更加激烈。

这些品类细分背后的逻辑是用户的消费需求在不断细分、消费场景在不断细分，这时候餐饮老板们做<u>一个大而全的餐厅就不如打造一个单品更容易在用户心中占领位置</u>。

### 正餐往快餐开

近些年，酸菜鱼逐渐成为一种非常受欢迎的菜品，以前，一群朋友围在桌前吃一条大大的酸菜鱼。现在，很多餐厅将酸菜鱼做成了一个单品，一个人可以吃，两个人也可以吃。一小份酸菜鱼加两份小菜，配一碗米饭，客单价也只有 30 多元，这使得在一线城市吃腻了黄焖鸡米饭的职场白领，瞬间就能获得选择上的幸福感。很快这种体验就在一二线城市中火爆起来，如今已经蔓延到了三四线城市。

酸菜鱼火爆现象背后的原因是什么呢？我的回答是正餐往快餐开，也就是"正餐快吃"。以前正餐就是正餐，快餐就是快餐，很多菜品只有在餐厅才能吃到，而现在，餐厅用快餐的方式来运营正餐并且获得了很好的效果。

"鱼你在一起"是一个酸菜鱼品牌，它的第一家店于 2017 年 1 月 1 日在北京亦庄物美店开业，截至 2018 年 1 月 15 日，"鱼你在一起"的全国门店数突破 1000 家，截至 2018 年 11 月，"鱼你在一起"全国门店数突破

1900 家。可见，这种用快餐思维来运营一道正餐才能吃到的菜的方式是很受食客欢迎的。

## 单店往连锁开

现在，你想开家餐饮店，如果没有之后开连锁店的考虑，是很难有出路的，开一家百年老店在目前的国内环境里是很难实现的。只有不断地扩张门店数来降低管理成本、人工成本、食材成本才有可能获得盈利。对于连锁店而言，它有几种模式，第一种是直营，第二种是加盟，第三种是介于直营和加盟中间的合作连锁模式。海底捞选择的是直营模式，用 24 年的时间开出了 329 家店；而我们接下来要介绍的华莱士快餐连锁店（简称：华莱士），它采用的是第三种模式，自 2001 年创立到现在，华莱士已经开出了 14000 家店，门店数远远超出肯德基和麦当劳在中国各地区开店数量的总和。

华莱士之所以能够开出这么多家店，本质上是对传统加盟模式的再造。之前，供应链配送能力远没有现在这样强大，传统加盟模式主要是通过品牌的授权、收取品牌费来实现，业内称为"快招模式"。很显然这种模式很快就会过时。

华莱士的模式是在股权层面形成的模式，可以将其理解为合作连锁。每一家店，店长占股 10%，店员占股 5%，剩下的股权归属于华莱士总部。大家是一个强绑定的关系，一荣俱荣、一损俱损，这就极大地刺激了店长和店员的主观能动性。只要店员找到门店，总部就可以投资开店。这样一来开店速度就非常快了。

近年来，相比于华莱士这种"门店众筹、员工入伙、直营管理"的合作连锁模式，我也一直在思考餐饮行业的加盟是否还可以有另一种模式，也就是7-Eleven 的赋能模式。

餐饮店做加盟本质上是希望加盟商做得好，加盟商做得好，餐饮店总部才能赚钱，但这些年由于有大量的创业者涌入餐饮这个行业，导致很多品牌自己就开了一家店，有的甚至连店都没有就开始做招商加盟的生意了，卖起了"样板房"，这极大地扰乱了餐饮这个慢工出细活的行业，大家都在想着赚快钱，品牌商想赚钱，加盟商也想赚钱，但这种做法其实是违反了餐饮行业的商业本质。餐饮最终还是需要沉下心来一个菜一个菜地炒，一个用户一个用户地去服务，既要有匠心，也要有耐心。

做招商加盟，不能只采用 B2B 的模式，不能去赚加盟商的钱，而是应该采用 B2B2C 的模式，品牌商通过赋能加盟商来服务好用户、让用户满意，这样才能获得长久的收益。

如果我们把品牌商和加盟商的关系想象成公司和员工的关系，公司招员工就不能先向员工收一笔加盟费了，而是应该先培养好员工，向员工发工资，只有员工成长起来了，才能更好地帮助公司赚钱。按此角度来思考，运营的玩法和规则就不一样了。就像 7-Eleven 一样，我认为 7-Eleven 本质上不是一个超市，而是一个赋能公司，或者说是一个共享公司，为加盟商在六大方面做能力输出、能力共享，包括商品赋能、营销赋能、IT 赋能、经营赋能、供应链赋能、金融赋能。

加盟商不懂如何采购商品，总部帮你，加盟商不懂 IT 系统的选择，总部提供 IT，加盟商不懂营销，总部……加盟商只需要配有一个合适的物业，总部就可以支持你开好店。如果要做到这种程度，就要求总部拥有强大的赋能能力、共赢理念以及一只督导团队，而我认为要想适应不断变化的环境与需求，还要具备一项最重要或者最核心的能力，即数据化，因为只有做到有数据支撑，总部或者督导才能帮助加盟店做决策，不然就是"拍脑袋"决策了。这正如亚马逊当年在招聘 CTO 时，并没有从微软、雅虎或者谷歌这些厉害的科技公司里找，而是从沃尔玛这样的零售公司找起，我想很重要的一点就是，沃尔玛是一个把数据化做到极致的零售公司。

7-Eleven 在 2016 财年中单一员工创造的利润竟然和互联网巨头阿里巴巴一样，达到了 120 万元。而我认为 7-Eleven 如今之所以是个伟大的公司，不是因为它赚了多少钱，而是它帮助了多少个加盟商赚到了钱，养活了多少个家庭，创造了多少个就业岗位。

## 一二线往三四线开

近年来，中国经济快速发展，各省市齐头并进，城市面貌焕然一新。从 GDP 增速的角度来说，2017 年二三线城市的增长速度普遍高于一线城市，各级别城市的经济差距正在显著缩小。当然，或许很多人对于 GDP 数据，可能并没有切身的感受，但我们可以从最直观的餐饮行业变化中初见端倪。

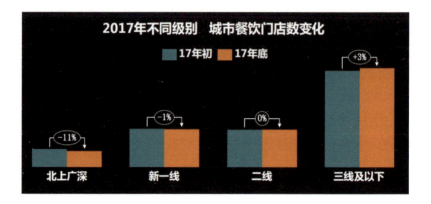

从图中我们可以看出，在北京、上海、广州、深圳这样的一线城市，餐饮门店数量呈减少趋势，在杭州、成都、西安等新一线城市的餐饮门店数量也略有下降，二线城市餐饮门店数量基本持平，而三线及以下城市里的餐饮门店数量持续攀升。显而易见，一二线城市的餐饮门店已趋于饱和，三线及以下城市将成为餐饮行业的新蓝海。

这种变化其实早就可以预见，从政策层面来看，党的十九大报告曾指出，以城市群为主体，构建大中小城市和小城镇协调发展的城镇格局，加快农业转移人口市民化。从经济层面来看，三四线城市的居民收入快速追赶一二线城市的居民收入，与之相对应的商品、服务的门类也正在快速细分。三四线城市居民的收入水平提高，自然会开始追求更美味的食物、更好的消费体验和更高的生活水平。想要实现这个目标，就需要更多的商家提供更细分、更优质的服务，这会带动商铺数量直线上升，因此越来越多的创意新、服务好、品质高的餐饮商家入驻三四线城市是大势所趋。

在一二线城市里待久了的人就不容易看到三四线城市人民的需求，比如很多人不理解拼多多业务的需求从哪里来。中国市场太大了，有太多的品牌只做三四线城市居民的生意，餐饮品牌也是一样。目前一二线城市的竞争压力越来越大，往三四线城市下沉也许还会出现巨大的机会，甚至会出现很多业态。

现在，餐饮品牌在一二线城市开店经营某些餐饮品类，"死亡率"会非常大，比如自助餐。反观三四线城市，却涌现出了越来越多非常好的餐饮品牌，比如，出自合肥的"老乡鸡"餐饮品牌这几年的发展就非常迅猛，通过收购武汉永和快餐门店从而实现走向全国的扩张之路。

品牌势能下沉将会成为新餐饮发展很重要的经营战略。比如，喜茶的发展就是在产品成熟后进行了品牌势能的下沉，它是如何扩大市场的呢？首先，喜茶选择了先在一线城市的一线地段开店，当形成一定品牌认知之后，再到一线城市的二线地段开店，再到二线城市的一线地段开店，之后到二线城市的二线地段开店，喜茶逐步将品牌势能往下沉，这样做的好处就是可以通过品牌知名度获得非常好的商铺政策，同时为用户带来品牌期待感。所以，现在我们就经常看到喜茶去一个城市开店，即使不做任何宣传，也可以做到销售火爆的程度。

## 1.5　供应链能力将成为连锁餐饮企业的核心竞争力

中国的市场很大，但餐饮企业要想快速发展，对供应链的要求将越来越高，供应链能力将成为餐饮连锁企业的核心竞争力。其实，上文所述的所有经营模式，其核心都依赖于供应链能力。

对于餐厅来说，食材的供应链就像是一根输血管，一旦血管出现了问题，无论这个人肌肉有多么发达、器官多么健康，都将无济于事。随着社会的不断发展，餐饮业的经营成本也水涨船高，无论是店铺的租金还是员工的工资都在持续上涨，但其实这些都是可以改变的，是可以通过其他办法解决的。租金贵可以租小店面，空间小可以做外卖，员工的工资高可以多用科技辅助，少请员工或多用临时工。但是，食材购买成本、运输成本的提高却是无数餐饮企业抓破脑袋也无法解决的难题，无论你如何改变，餐厅还是需要食材的，没有充足、优质的食材还希望餐厅能够发展，那就真是巧妇难为无米之炊了。所以，很多餐饮企业拿到融资后就大力投入到供应链环节，设立中央工厂。

但是，这样做却又容易掉进坑里。

以前第三方的配送能力跟不上，能跟上的成本又都特别高。很多餐饮企业拿到融资后都投入到供应链环节，但是，一个中央工厂的投资动辄需要几千万元，如果自己的门店没有足够的消化能力，这个中央工厂基本就是摆设，几千万元的投资就这样打了水漂，比如西少爷肉夹馍，"西少爷"作为新餐饮人，当年着实是火了一把，拿到了大量的资金，而拿到资金后，他急于提升企业的供应链能力，但事实上，供应链业务太过复杂，刚进入餐饮行业的人并不能完全弄懂，如果餐饮企业在这个行业没有非常深的积淀或是足够强大的产品消化能力，供应链业务也将成为摆设。

可能有读者看到这里会感到非常疑惑，一方面我说供应链是非常重要的，一方面又在说这里有太多的坑，那怎么解决这个问题呢？其实很简单，近年来，有很多专业的供应链公司在为企业提供相关服务。比如正大、蜀海供应链（海底捞子公司）、新希望六合等都属于这个领域里非常专业的公司。当然，现在美团点评也投入巨资在做"快驴送货"，目的也是为了能高效率、低成本地解决中小餐厅的食材采购问题。

目前我国餐饮行业的食材供应链，可以分为以下4个模式：

1. 餐厅自采型。这是目前绝大多数餐厅采用的模式，也就是没有固定的供货商，也没有固定的专业采购人员，餐厅的物品全部由厨师或者老板掌控。这种简单、粗犷的模式最为常用，但也最为危险，餐厅没有形成稳定的供应链，能够影响食材的因素太多，成本也无法掌控。

2. 中央统一配送。这是时下许多连锁餐饮企业所采用的模式，总部统一采购、统一运输，送货上门，甚至许多企业还会在采购后进行粗略的加工。这种模式不仅提高了效率，方便统一化管理，也是餐饮品牌吸引加盟的一种好方法。

3. 委托第三方。这是新流行的一种模式，比如海底捞的子公司蜀海供应链就是专门的供应链机构。由专业人士购买、加工、配送，甚至进行产品的研发等工作。将专业的事交给专业的人，这样的模式为许多餐饮企业提高了效率。

4. 双轨并行。这种模式相对比较灵活，餐饮企业会有固定的供应商，同时也有一部分食材的供应商会根据情况的变化而变化。比如肯德基采取的就是这种模式。

之所以有如此多的餐饮企业，特别是连锁企业都在不辞辛苦地打造自己的供应链,其实原因很简单。首先,企业有了自己的供应链,就可以掌握主动权。餐饮企业越大,供应链就越重要,那些大品牌的连锁餐厅,每天要消耗掉的食材量根本就不是几个经理、厨师就可以完成的工作。并且不同时间、不同情况下需要采购的品类、数量、运输方法都是学问,需要更专业的人去做。所以,只有打造出自己的供应链才能让餐厅更高效、更科学地运转。

其次,企业打造出自己的供应链还可以提高企业利润。一旦餐饮企业有了自己的供应链,掌握了主动权,就可以减少很多不必要的开支,完成"节流"。同时,作为连锁企业,他们都拥有着丰富的经验和海量的数据,他们更了解餐厅需要什么,在保障自身运转的同时,还可以和其他餐饮企业合作完成"开源"。

在可预见的未来,越来越多的餐饮连锁企业将重视解决供应链的问题,最终必然会是餐饮企业与消费者双赢的结果。企业提高了利润,提升了效率,获得了更大的发展空间;而消费者获得了更安全、更新鲜及更丰富的产品。

## 1.6 平台的发展让用户的行为场景越来越集中到线上

"风投女王"徐新在 2016 年便称美团为"超级平台"。而平台越来越成为稀缺资源,作为稀缺资源的超级平台能占领用户的时间、心智,实现巨大的网络效应,具有强大的拓展能力。用徐新的话说,"超级平台上面可以长出花,可以不断地在上面加东西"。徐新曾从"获客成本"这一维度进行过解析:互联网最大的成本是获客成本和物流、配送成本,这两个因素的固定成本很高，可变成本很低，有非常强大的规模效应。通过早期团购形成的流量平台，网络效应初显，在不断地积累用户基数后，以此为基础延伸出外卖、旅游、电影、酒店，以及近年来的生鲜、收银、出行的业务，进一步满足用户刚需场景，占据用户的时间与心智。而美团点评提供的新服务，经历短暂几年的发展，都位居行业前列，对用户生活产生了深远影响，用户黏性带来的巨大网络效应，使美团点评在发展过程中逐渐具备了超级平台的价值与影响力。

而美团在上市后也首次宣布组织架构调整，王兴表示，公司将在战略上聚焦"Food + Platform"，以"吃"为核心，组建用户平台，以及到店、到家两大事业群，并在新业务探索方面组建了LBS平台。真正践行美团点评的价值观"Eat Better、Live Batter"。

其实，美团的发展过程就是一个平台不断延伸的过程，从"吃"的业务开始，一路走向"吃、喝、玩、乐、行"，而"吃"的业务本身就已形成了一个巨大的平台,现在又分为在家吃、到店吃两大场景。

美团招股书的数据显示:截至 2018 年 4 月 30 日,美团有 3.4 亿名的年度消费用户,平均每人年消费 20 次。合作的线下商户有 470 万个,包括餐厅、酒店和电影院等,覆盖了全国 2800 个县级以上的行政单位。过去一年,美团完成了 69 亿笔交易,平均一天交易 1900 万笔。

"相信我们还有很大的增长空间,因为那么多人需要吃饭。"王兴说。

一般来说,一个国家越发达,服务产业的比重就越大。国家统计局数据显示,2017 年,全国餐饮收入达 4 万亿元,同比增长 10.7%。在传统的购物中心里,餐饮业也在取代服装等生意,成为商场的核心竞争业态。北京王府井集团有关负责人曾表示,餐饮在购物中心的占比从过去 10% 增加到 40% 以上,"特色餐饮 +"成为实体商业争取消费者的整体共识。

因此可以判断,相较于数万亿元的大市场,美团过去一年内 4100 亿元的交易体量(其中外卖餐饮占了约 60%)仍远没有触碰到发展的天花板。

如今,我们也看到美团酒店在在线业务中的份额还在提高。Trustdata 的数据显示,2018 年第二季度,美团酒店在线酒店预订订单量近七千万笔,排名第一,酒店总间夜量(酒店在某个时间段内,房间出租率的计算单位)超"携程系"份额之和。2018 年 5 月,美团酒店与携程 11.5% 的重合用户在之后的一个月内,有近 42.4% 的用户选择只用美团酒店。而根据艾瑞报告,2017 年中,美团酒店预订业务 80% 的新增用户来源于即时配送及到店用餐交易用户。

王兴说:"我们用'吃'这个高频品类吸引用户、保留用户,同时转化到别的品类。以酒店为例,美团能在短短五年时间内从零起步,现在成为全中国酒店预定最大平台,原因是因为美团有'吃'这个最高频的品类。用户关心'吃'所以下载美团 App 并注册账号,美团因此可以获得市场上多数的新用户,成长速度比同行都要更快。而在与酒店合作时,尤其是中高端酒店,美团的多品类优势会再一次展示出来,不光可以帮助它们做客房预订,还可以帮助它们推广餐厅、健身房、游泳等。综合平台交叉营销是酒店非常看重的,也是对我们平台优势的很明显的体现。"

## 1.7 餐饮管理软件的发展提升了餐厅精细化经营的水平

餐厅最主要的 IT 系统是收银软件,俗称 POS(Point Of Sale,销售终端)。但事实上,POS 是一种不严谨的称呼,它主要是解决刷银行卡环节问题的工具,而餐厅的收银系统不仅包含了 POS 刷卡这一个环节的功能(当然最初的收银系统和刷卡是分开的),还包含了点菜、桌台管理、传菜、划菜、进销存、会员管理、总部管理等各个模块的功能。

随着沃尔玛 1996 年进驻中国深圳,它把先进的管理系统工具和管理理念带入了中国,影响了当地一批做 IT 系统开发的公司,比如中国最早做门店收银系统的思迅、科脉公司分别在 1998 年和 1999 年成立,如今这两家公司已经是门店管理系统传统服务商的代表企业。

近年来，移动互联网云计算的发展，让我们看到了消费场景发生的巨大变化，最直观的变化就是移动支付技术的出现和普及。移动支付技术的逐渐成熟，不仅提升了消费者的体验，解决了许多令人头疼的问题，比如准备零钱、收纳零钱，以及排队付账等，它还使餐厅的成本结构产生了很大改变。如今，已经有越来越多的餐厅取消了收银员这个职位，取代收银员的是一张二维码。

其实，对餐厅来说，变化最大的并不是收银员这个岗位的去留，而是由于消费习惯的变化，让整个行业开始关注用户体验，由此倒逼收银软件的迭代、升级。比如，一直以来，收银系统和刷卡的 POS 机都是不关联的，早期的 POS 机还是有线的，不能离开收银台，客人必须得拿卡到收银台结账，后来出现了无线 POS 机，收银员可以拿着机器到桌位收款。虽然方便了用户，但 POS 机的数据和收银系统的数据是不关联的，而在那个时代，没有人觉得这是个问题。而放在今天来看，用户和朋友吃完饭、去收银台结账、结好账再回来，整个的体验是好的体验么？同时两套数据不关联，这是不是又增加了商家对账的成本呢？

这本质上是如何利用技术的发展解决用户体验和经营效率的问题。这几年餐饮软件行业出现了很大变化，我在 2016 年曾写过两首打油诗来总结这个行业的现状：

厂家多而小，　　　　　　厂商不赚钱，
代理小而杂。　　　　　　代理赚小钱。
产品老而旧，　　　　　　商家花了钱，
服务慢而差。　　　　　　后悔冤枉钱。

当年那些规模小、产品旧的收银软件公司都转型了或者倒闭了,原因很简单,它们的商业模式受到了挑战。这个行业出现了一批用互联网思维和平台化思维打造新一代收银软件的公司,就像传统手机公司遇到了苹果和小米公司一样。

为了能更好地理解收银软件发展的变化,我把收银软件的发展总结为四个阶段。第一代就是基于单片机的非触摸屏收银机,多用于小店的点单、收款。相比手工收银,它在对钱、账的管理上更简单。

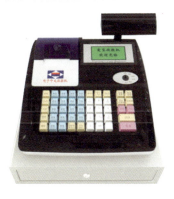

到了 2000 年,中国开始出现了第二代基于 Windows 开发的收银软件公司,将电脑、打印机、点菜宝等硬件结合,利用通信技术和软件技术解决了门店内部的沟通效率、财务对账等问题,代替了手写三联单,典型代表是科脉、思迅、天子星、餐行健、饮食通等软件公司。同时随着餐饮的发展,餐饮公司开始对连锁管理产生需求,希望能在总部查看门店所有的营业数据,比如在门店增加个服务器,形成私有云,定时传输数据,但这个成本就相对较高,同时部署比较复杂,需要安装软件、数据库、连接各种线,导致实施成本高。

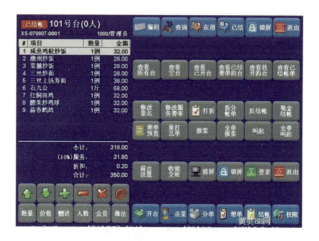

基于 Windows 系统的开发，出现了要和各种软件、硬件兼容的情况，同时收银员喜欢在收银电脑上安装各种软件，加上餐厅经营环境复杂，就会容易出现病毒、卡顿，甚至网线坏掉等问题，导致维护成本高。另外，软件的开发者们还没有提升用户体验的意识，简单地将一堆功能叠加到软件里，从而出现收银员很难快速学会并操作一个软件的情况，而收银员好不容易学会了，可是不久后又离职了，导致整个行业服务成本、培训成本高。同时，餐饮商家又不愿意花费太多费用，所以，整个收银软件开发行业都没有大型公司出现。

之后，安卓系统的出现，不仅让安卓手机得到普及，也让这个行业发生了巨大变化，以客如云为代表的，基于安卓系统开发、软硬件一体的收银开始出现。安卓系统的好处是系统免费、开源、交互体验好。基于安卓系统开发的收银一体机省去了连接网线、连接打印机的麻烦。更重要的是人们已经习惯了使用智能手机的体验和交互，这就大大降低了收银员的培训成本，这对收银软件行业来说是个非常重要的突破。由于系统基于云端,所以也不需要总部设置服务器,在后台可以直接配置好菜单、桌台等信息,只需在门店开机就能用。老板也可以用手机随时更改菜单设置、查看门店营业情况,这对于经常不在店的老板是极大的便利。安卓系统云收银更重要的好处是可以和移动支付、服务员手机、用户手机产生连接,所以很多餐厅就出现了服务员用手机点餐、用户扫码点餐、用户扫码付款的场景。这就是第三代收银,基于安卓系统、云架构开发的收银软件。

随着美团、大众点评、外卖等平台发展,用户越来越习惯通过 App 来找餐厅、预定、点餐、排队、点外卖了,但用户通过手机操作产生的这些数据没有和门店的收银系统打通,收银员就需要进行二次操作,比如用户通过美团外卖平台点一个外卖,商家要通过美团外卖平台接这个订单,再录入到门店收银系统里下单出品,这就多了一个步骤;比如用户在美团平台上买了张优惠券,消费的时候收银员需要打开美团的后台核销,再进入收银系统里记上这笔账,

这样做就多了好几步的操作。如果门店的收银系统和平台完美融合，就省去了收银员的好几个步骤。在这样的背景下，就产生了美团点评开发的第四代智能收银系统。

第四代智能收银是基于移动化、平台化、数据化的特性开发的。如果对比一下就会发现，传统收银软件和诺基亚、摩托罗拉一样，属于功能机，而美团点评的第四代智能收银想要实现的是和苹果手机一样的效用，属于智能机，重新定义了餐饮收银系统。

## 移动化

以前，服务员是服务员，收银员是收银员，两者不能合二为一，客人买单也只能在收银台买单。而移动化解决了传统收银软件的使用场景，服务员手里拿着的安卓手机既可以点菜，又可以买单，实现了服务即收银的作用，这样就可以减少收银员这个角色的工作。同时老板也不用到店了解门店的业务数据，通过手机就可以随时查看各个门店的详细营业情况。

平台化

这是美团智能收银和所有其他收银最大的不同之处。在线上线下一体化的时代，和平台完美打通才能更好地打造线上线下一体化的体验。比如，商家之前开了一个线下店后，需要登录美团点评再开一个线上店，而如果实现线上线下一体化后，线下开店的同时就可以一键在线上开店了，省去了再去线上提交门店信息、菜品信息、外卖信息等步骤。同时用户也可以知道这个门店此刻是否还有座位，是否还在营业，也可以实现提前在线上点餐，到店后立刻就餐的体验。就像我们现在去看电影，通过手机来选位置、买票一样，只需在电影开场前几分钟到达影院，大大节省了观影成本。

数据化

线上线下一体化最直接的结果就是产生了更多的数据，而这些数据又是可以被收集、被分析、被处理的。餐饮行业又是一个最容易产生数据的行业，包括行业数据、门店数据和用户消费行为数据等各个维度的数据，这些数据小到服务于门店的精细化运营，大到反映国计民生问题。而随着餐饮行业竞争的激烈程度加剧，门店更需要有颗粒度更细的数据来分析经营问题，这也是美团点评作为一个大平台具备的优势，它可以将线上数据和线下门店通过收银软件收集的数据融合，能更精确地让餐厅了解用户，从而指导餐饮管理者的经营决策。

第四代收银软件本质上已经不再局限于传统收银软件的功能，属于既包含了传统收银软件应该具备的功能，同时又体现了现代餐饮行业需要的数据化、精细化的管理、经营思想。如果传统收银软件还只是解决门店内部工作效率的问题，那美团点评的智能收银在移动互联网时代已经不只是一款收银软件了，它更是一个门店数据收集的采集器。解决的不只是门店内部的工作效率的问题，更包含了帮助餐厅完整地收集每一个渠道的每一个客人的消费行为数据，从而实现全渠道用户管理，或者说全渠道客人管理，最终形成基于用户基本身份信息、消费喜好、消费能力、消费频次、服务评价、周边商圈、竞品分析等多个维度的数据报告，在通过数据分析来指导餐厅的经营决策。

当然，美团收银软件除了基于平台化的融合，还有一个重要的方向就是细分业态的研究。餐饮行业的发展越来越细分，不同的业态对软件的功能要求也越来越不同。只有深入地研究细分业态，做出的产品才能真正符合这个业态的需求。

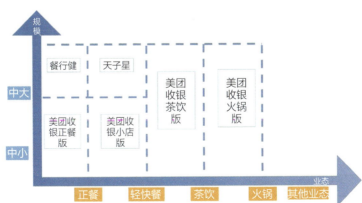

美团收银业务的产品分布

2018年12月13日，在"美团·2018中国饮品创新峰会"上，美团点评正式发布了旗下餐饮管理软件新产品——美团收银茶饮版。与传统的泛餐饮软件相比，美团收银茶饮版强调专注于茶饮细分业态，通过多项技术创新和功能升级，为茶饮业态的商家提供全场景运营管理服务。美团收银茶饮版为饮品业实现提供完整的自闭环管理服务，包含自动配置自助互动点餐、会员软件、总部管理、库存管理、智能对账报表，都针对传统收银系统进行了创新升级。会上，喜茶、奈雪、茶颜悦色等国内十大知名茶饮品牌现场签约美团收银茶饮版。在未来，美团点评还会不断地基于细分业态进行深入研究，发布火锅、团餐等版本的收银软件。

据了解，传统收银存在四大问题：第一，排队难；第二，商家操作软件混乱；第三，数据沉淀难；第四，换软件就要换硬件，投入高。对此，美团分别采取开通预点单、改进操作界面和软件、聚合线上线下等方式方法提升商家体验。王兴认为，只有把餐厅经营的方方面面都数字化，才能推动供给侧数字化。据悉，在新发布的收银茶饮版之外，美团点评还有包含餐厅管理软件在内的全方位、立体化的B端业务系统。

中国的软件市场一直很难有大的起色，本质原因是软件的销售成本加上服务成本大于收益。过去，很多传统软件公司只服务一小部分客户，做个小体量的公司，过得还算滋润。但随着近年来带有互联网基因的软件公司进入行业后，大家都开始用互联网思维这一本来是做C端市场的方法论来做B端市场，用低价策略甚至用免费策略来抢占市场。事实上如果你没有足够的资本，这条路很难走通。开发成本、销售成本、服务成本、服务器成本等构筑了很高的成本壁垒，卖一台亏一台不说，甚至好不容易获得的用户没多久就换了软件或者倒闭了，即使以上问题都没有出现，用户购买软件后公司又如何能有持续性的收费，这都是未知数。

面对中国这个特殊的餐饮 B 端市场，如果还是按照讲故事的套路来做软件业务，公司会难以为继。事实上我在写这本书的时候，外界就已经传出了好几家收银软件公司发不出工资、降薪，甚至被低价收购等消息。

今天的收银软件已经和传统的收银软件不一样了，收银软件已经成为一个基础设施，就像互联网一样。而既然是基础设施，其具有投资大、回报周期慢等特性，这就不再是小规模公司能投入的了。

# 第 2 章
# 中国餐饮业的"旧"与"新"

既然谈新餐饮、谈如何做新餐饮，首先就要看看什么是旧餐饮。2018年是改革开放40周年，如果说看改革开放这40周年的发展变化，通过餐饮行业的数据可见一斑。据国家统计局统计，在改革开放前夕，全国饮食业的经营网点不足12万个，员工104.4万人，零售额54.8亿元，而到了2018年，零售额预计4.3万亿元，增长了约785倍，成为名副其实的三大经济支柱之一。回顾中国餐饮这40年的发展，我将其总结为四个阶段，分别是起步期、发展期、理性期和升级期。

## 2.1 中国餐饮的起步期

1959年至1978年期间，由于缺乏生产、生活资料，必须根据计划供应日常生活必需品，这使得人们缺乏食用的能力。同时，在计划经济体制下，餐饮企业大多为国有或集体企业。因此，餐饮企业在就业制度、工资分配制度等企业管理方面，操作机制不灵活、生产效率低。比如，买布要布票，买肉要肉票，买油要油票，甚至就连买火柴、肥皂、酱油都需要票。而除了这些票以外，人们参加工作赚取的现金少得可怜。一个工人一个月的工资可能只有几十元，而这几十元可能需要养活全家人，这样的家庭怎么可能拿出几元钱去餐馆吃一顿"大餐"呢？

1979年4月,国务院批转工商行政管理总局关于全国工商行政管理局长会议的报告中,首次提出了允许恢复和发展个体经济。1980年8月,中共中央在《关于转发全国劳动就业会议文件的通知》中明确提出,鼓励和扶持城镇个体经济发展。

我国的餐饮业也正是于20世纪70年代到80年代这段时间在政策上得以率先开放。由于有了政策的支持,餐饮界中的许多有志之士纷纷创办了自己的饭店。1980年9月30日,在北京市翠花胡同中,开出了第一家个体户餐馆——悦宾饭店,现在还依然存在。

在普通的地方,开了一家并不起眼的饭店,这件事情如果放在今天是再正常不过的事情,不会引起人的任何兴趣。但这一切在当年,却成了一个火爆的消息,作为我国改革开放初期的第一家个体饭店,开办它不仅需要过人的智

慧与眼光，更重要的是要有常人所没有的勇气。

悦宾饭店的创始人是郭培基与刘桂仙夫妇，二人最初要做饭店其实也是无奈之举。当时的刘桂仙已经 40 多岁了，家中有五个孩子，由于家庭成员很多，即使有政府的补助，一家人的生活也是入不敷出，非常艰苦。正所谓"穷则变，变则通"，郭培基与刘桂仙夫妻二人决定奋力一搏。在克服重重困难后，刘桂仙终于拿到了北京个体餐饮的第一张营业执照。

由于没有经验，也没有太多时间准备，悦宾饭店就靠着几张简单的桌子、10 多把旧木凳和几张塑料布做起了生意。没想到的是，悦宾饭店在第一天开张就引来了无数人的捧场与围观，其中甚至还有很多外国人。经过一天的忙碌，悦宾饭店第一天就为郭培基、刘桂仙赚到了 38 元，要知道这个数目已经相当于那时候一个工人整整一个月的收入了。悦宾饭店的开张，让刘桂仙一家人的生活发生了翻天覆地的改变。

就在悦宾第一天开业的晚上，《北京晚报》上就登出了一篇名为《本市第一家个体经营的悦宾今天开业》的报道。这还不算完，在第二天，在《北京晚报》上又出现了一篇《尝尝看，好！》的评论文章，和一篇《"尝尝看"笑语满堂》的新闻特写。生意的火爆再加上媒体的传播，让悦宾饭店声名大噪，成为北京城中家喻户晓的饭店，也掀开了中国餐饮业的新篇章。

悦宾饭店的成功为国内餐饮业的发展开了一个好头，一时之间国内个体饭店如雨后春笋一般层出不穷，个体餐厅也因为更接地气的服务，更加实惠的价格受到了人们的喜爱。

与此同时,不仅国内的个体饭店发展得蒸蒸日上,在 1987 年的 11 月 12 日,如今家喻户晓的美国快餐品牌肯德基也在北京开设了第一家店。肯德基在我国开业的当日,就售出了 2200 份炸鸡,营业额更是达到了 83000 元,打破了当时全球单店单日销售最高纪录。同年,中国第一个烹饪协会也正式成立,进一步促进了我国餐饮业的发展。中国的餐饮行业在不知不觉中孕育而生、蓄势待发,大步向着成长期迈进。

我国的餐饮行业虽然在改革开放初期得到了政策上的支持,并取得了一定程度的发展,但由于当时的国民经济情况与普通群众对于餐馆的固有认知,使得餐饮行业并没有如想象中那样发展迅猛。当时中国还处于改革开放初期,市场经济刚刚萌芽,各行各业百废待兴,而大部分人民群众还没有脱掉贫困的帽子,消费能力远不如现在高。

## 2.2 中国餐饮的发展期

随着改革开放的发展,人民的生活水平得到了很大提升,社会需求也显著提高,特别是在 20 世纪 90 年代中后期,人们饭桌上的菜品开始逐渐增多,全国各大菜系正式露面,菜品不断推陈出新,同时相互之间渗透、融合,全国人民都尝到了川菜的麻、湘菜的辣、粤菜的鲜……

也是从那个时期开始,人们生活中的蔬菜、肉食品的种类也越来越多,各类零食如巧克力、蛋糕、薯条、冰激凌等更是层出不穷。与之相伴的,餐饮业也开始加速发展。消费者有了越来越强的消费能力,餐饮业的规模自然也水涨船高，餐馆多了，同业之间也就有了竞争、有了进步。而这种良性的竞争让人民对于饮食的需求、要求向着更高的层次发展，餐馆的经营模式也越来越多。餐馆开始升级为餐厅，这就对装修、环境、服务提出了更高的要求。

20世纪90年代，上海市黄河路逐渐出现了几家饭店，经营收益颇丰，随后，很多餐饮人士纷纷入驻，将黄河路变成了一条美食街。黄河路在最辉煌的时期，饭店的数量达到近百家，而就在这些饭店中，一家叫做"阿毛炖品"的饭店更是受到了无数消费者的追捧。

阿毛炖品当时以招牌菜——188元的红烧大排翅，58元的佛跳墙和22元的炖鹿肉最为有名。最关键的是阿毛炖品不仅菜品的味道好，餐厅内的装修以及服务人员的专业，更是成为其招揽客人的利器。据说阿毛炖品生意好的时候,一年的利润能够达到一千万元左右,这在那个年代简直是一个奇迹。

阿毛炖品只是20世纪90年代我国餐饮业蓬勃发展的一个缩影,而这家餐厅能够成功,不仅说明了其创始人的智慧,更代表了我国人民对于生活质量越来越高的追求和人民消费能力的提升。随着类似阿毛炖品这样的餐厅越来越多,我国的餐饮业也正式进入到了发展期。同时,外资、合资的"引进"加强了餐饮业的国际交流。1998年,南京航空食品有限公司在南京正式成立,成为中国第一家合资企业,香港女企业家吴树清在中国合资企业中实现了"零突破"。在人们日益增多的消费带动下,餐饮行业也进入了连锁发展阶段和品牌化运营阶段。

## 湘鄂情的发展

湘鄂情的创始人叫孟凯,1969年出生于武汉。孟凯从小就是一个不那么"安分"的人,他在18岁的时候做过车间工人,但是仅仅做了一年便感到厌倦,决定下海经商,去"混一混江湖"。终于在1995年,孟凯结识了他的前妻,夫妻二人开了一家湘菜馆,因为孟凯是湖北人,而妻子是湖南人,所以成就了这一段"湘鄂情"。

不过孟凯夫妻二人最初的尝试并不成功,湘菜馆倒闭,一起合作的几个老乡也心灰意冷地"跑路"了。虽然第一次创业失败了,但是孟凯并没有灰心,在得到了一位老乡的投资后,孟凯夫妇卷土重来,继续开起了餐厅。这一次夫妻二人有了经验,也吸取了上一次失败的教训,经营稳扎稳打,餐厅也越办越红火。

不"安分"的孟凯并没有就此满足。1998年孟凯决定去北京发展,雷厉风行的他,在做了决定后便立刻倾其资产,带了300万元"北上"再次创业,地址是北京市海淀区定慧寺的附近。和上一次餐厅经营的路线不同,来到北京的孟凯这一次决定做高档餐饮,并且改良菜品,引进了许多海鲜品类,还记得当时在湘鄂情宴请,一顿饭花费好几万元都是非常正常的事情。

短短几年的功夫,湘鄂情便打响了自己的品牌,成了当时北京最赚钱的几家餐厅之一。在2002年,湘鄂情的年营业额已经达到了5500万元,到了2008年,其销售额更是达到了6.12亿元,孟凯也成了当时的餐饮界首富。2009年11月11日,湘鄂情凭借着14家直营店和9家加盟店的资本,正式在深圳的中小板挂牌上市。一时间,湘鄂情风光无限,而孟凯成为无数餐饮界人士追赶的目标。

## 金钱豹

2003 年,金钱豹以自助餐的形式进入中国内地,第一家店开在上海。那一年,中国的人均 GDP 刚刚突破 1 万元,中国的餐饮消费开始进入"暴饮暴食"的阶段。人均二三百元、400 多道菜品、三文鱼和哈根达斯冰激凌随便吃的金钱豹很快成为一种奢华消费的身份象征。商场招商,如果能邀请金钱豹进驻,也是一种荣耀。当时,在上海的香格里拉酒店的自助餐才 60 元 / 位,而刚开业时的金钱豹午餐就达了 180 元 / 位、晚餐更高达 220 元 / 位,金钱豹直接把自助餐消费拉到了一个从未有过的高度,这个价位就是放到今天来看也并不便宜。

## 净雅

另一个代表性的案例是山东净雅餐饮。1988 年 10 月 18 日净雅起步于威海,

1998年3月23日净雅入驻济南，2005年净雅入驻北京，2010年净雅开办28家店，盛极一时。以北京锦绣净雅店为例，其人均消费更是达到3000元，单店日营业额达到120万元之多，这些数字在今天估计也很难有人超过。

从净雅的发展历程上来看，其每一步的进展和荣誉放到今天依然是具有代表性的。

  1988年10月18日，净雅在威海诞生（净雅饭庄正式开业）；

  1998年3月23日，济南净雅大酒店隆重开业；

  2000年8月8日，山东净雅大酒店正式开业；

  2002年1月24日，净雅餐饮集团成立，成为全省第一个无域名限制的民营企业；

  2008年10月18日，净雅食品股份有限公司20周年店庆；

  2009年4月25日，净雅获得国家工商总局授予的"中国驰名商标"称号；

2011年4月19日，净雅荣获京城餐饮50强企业荣誉称号；

2012年2月23日，净雅成为省"两会"唯一入会海参品牌；

2013年1月，净雅食品股份有限公司荣获"全国诚信文明示范单位""国家级绿色餐饮企业"。

## 俏江南

再来看看最后一个案例——俏江南。它于2000年4月在北京国贸开了第一家店，走的也是中高端路线，人均消费达到800多元。鼎盛时期公司销售额达一度达到10亿元，全国门店数量80家。餐厅的装修布置极具奢华，身处其中让人很难相信这是一家餐厅，而不是一家博物馆。凭借着这种风格，俏江南在数年间开遍全国各大城市，张兰也成为餐饮界中响当当的人物。

看看俏江南的发展史，你就能体会这一时期餐饮企业的发展速度之快了。

2000年4月16日，俏江南第一家品牌餐厅于北京国贸开业，由此正式向商务正餐市场进军；

2002年1月16日，俏江南上海时代广场店开业，标志着俏江南跨区域经营的开端；

2004年8月29日，俏江南成都紫荆店开业；

2005年8月28日，上海881会所开业，标志着俏江南进军高端服务市场；

2007年3月，俏江南正式成为2008年北京奥运会八大竞赛场馆餐饮服务商；

2007年12月8日，俏江南在国内成立的一家顶级时尚概念品牌餐厅SUBU正式开业；

2008年，俏江南在一线城市新增直营店8家；

2008年8月，俏江南作为奥运餐饮服务商为奥运会提供服务，每日接待80000以上观众、各国运动员和奥运官员，场馆内服务人群超过100万，奥运期间俏江南各店累计接待超过10万人；

2008年12月5日，俏江南新菜单面世发布，推出新菜品达300款以上；

2008年12月15日，俏江南融资3亿元；

2009年3月，俏江南下属新品牌——蒸STEAM于上海新天地正式开业；

2010年，俏江南计划2年内在北京、上海以外的经济发达城市继续拓展品牌餐厅，计划新增直营店20家；

2011年，汪小菲与徐熙媛大婚打开了俏江南在祖国两岸的知名度。

随着"八项规定"的推出,高端消费被抑制,这些曾经红遍大江南北的知名品牌餐饮,生意受到影响,对餐饮行业来说,这是一次重新洗牌的过程,也是一次重新练内功的过程。在这个过程中,很多企业没有跟上变化就消失在人们的视野中了,而有些企业借外界环境的变化苦练内功,重新努力走上复兴道路,俏江南算是其中有代表性的一家。

俏江南在接下来的时间内几经易主,最终在 2018 年的 3 月 21 日,北京宴的董事长杨秀龙正式出任俏江南的 CEO。令人欣喜的是,俏江南目前在杨秀龙的带领下,已经走在了复兴的道路上。外界普遍认为杨秀龙接了个"烫手山芋""烂摊子"。然而不到一年,俏江南就实现了他的"复兴"计划,这个"复兴"源于他 2017 年 12 月 26 日决定出任俏江南 CEO 时做出的三个承诺:

> 第一个承诺,只身一人上任俏江南,不带一兵一卒;
> 第二个承诺,所有俏江南人员全部留用,不裁员不降薪;
> 第三个承诺,听我的,按照我说的去做,一年实现俏江南伟大复兴。

复兴的指标是一年内月营收增加 50%。

接手俏江南后,杨秀龙面临的最大难题是人。毕竟俏江南经历多次转手,内部人心浮动、前景未明。而"资本不懂餐饮",使企业经营在近三年处于"空挡滑行"状态,杨秀龙形容他接手时员工犹如"惊弓之鸟",因此,上任后他给出的三个承诺目的之一就是安抚人心。

从 2018 年 3 月开始，他每周一给俏江南全国店开会，用 20 天跑遍全国 40 家店，最多的时候，他一天跑了 4 个城市，一边看门店情况，一边给大家打气——"俏江南的月营收要增加 50%"。他一路走来与员工吃一样的饭菜，晚上就住在员工宿舍，为的是了解真实情况，建立与员工间的信任。半年多的时间，员工的心态稳定了，业绩的上升也让他们的信心更充足。杨秀龙说："当时俏江南最惨的店连一个普通的员工都没有，就剩下几个管理人员在硬撑着，那时自己心都凉了半截。"

俏江南定位在高端餐饮，服务模式按照"舌尖上的美味＋宴会私人订制＋词牌文化"打造。当大众餐饮在宣称标准化、智能化、机器代替厨师等高科技时，俏江南回归本真，注重食材、做菜的师傅以及烹饪的工艺，同时保持门店菜品原有的特点，延续川菜的麻辣口味，坚守品质。在宴会私人订制方面，俏江南从门牌、沙盘、照片、欢迎屏、七个哇、礼物等 6 个维度，为客人量身订制诗词，并推出"16 大词牌菜"，之后在北京、上海、广州、深圳、天津 5 座城市推广。词牌文化是别家没有的特色。俏江南本身拥有丰厚的词牌文化基因，所有门牌自创业那天就以词牌命名，如"雨霖铃、渔歌子、蝶恋花、浣溪沙、虞美人"等，服务员也全部被要求背诵词牌。

杨秀龙特意聘请中国楹联协会的蒋有泉担任诗词总顾问，将俏江南的员工培训成"出口成章""五步成诗"，为客人量身定制诗词。2018 年 3 月至今，俏江南全国门店共创作诗词 4.2 万余首。

此前，俏江南被媒体曝出后厨卫生状况堪忧，杨秀龙接手后迅速建立了三级防护体系。

杨秀龙对俏江南有非常明确的产品定位，只做餐饮高端市场，不做翻台的生意。来俏江南消费的人对价格没有那么敏感，更重视环境与服务的档次。因此他对俏江南的改造，从局部换菜牌开始。原来俏江南人均消费在230元左右，换菜单后，调整至人均500元。俏江南上海正大广场店的店长提出反对意见：这个价位谁还敢来啊？杨秀龙没说什么，而是从北京带过来近30人的团队，按照"舌尖上的美味＋宴会私人订制＋词牌文化"的新模式进行改造。一周后结果全见分晓：俏江南由原本"无预订"变成"预订"服务，每到下午，包房都是满员的状态。在杨秀龙看来，企业文化是魂，所有的利润都是附加的。如果一种文化只能在一个地方玩，别人学不了，也不叫文化，充其量只是一种模式或者现象。于是杨秀龙决定将"中国服务"引入俏江南门店。

杨秀龙曾提出过一个词叫"中国服务制导"，制导一词来源于导弹发射领域，引进到餐饮服务中，意指服务的最终导向。你给客人留下了哪些美好回忆和可以流传的故事？怎么能给顾客留下美好的回忆和值得传颂的故事？

杨秀龙在北京宴工作的时候，有位员工到太原一家店实习，听到客人用餐的时候说要赶飞机，员工就查询了一下北京的天气，发现北京下雪，员工给顾客包了一个平安果，预祝客人"一路平安，好人一生平安"。这个员工创造的案例后来以该员工的名字命名，并形成制度放入了员工手册。服务有其共通之处，杨秀龙认为这样的服务模式也可以复制到俏江南门店里。在俏江南北京店，客人离开后，盘子、碗筷等杂物是不用服务员来收拾的，而是由专门的打烊组收取。服务员只负责与顾客沟通、写诗作词、做好服务即可。杨秀龙认为，这样的明确分工能提高服务员对服务客人的专注度，进而提升对顾客对门店整体服务的满意度。

杨秀龙在北京宴曾提出"倒金字塔"管理模式，大致内容如下：

1. 上道工序不对下道工序说"不"；
2. 二线部门不对一线部门说"不"；
3. 上级不对员工提出的困难说"不"；
4. 下级不对上级的命令说"不"；
5. 被检查者不对检查者提出的问题说"不"；
6. 全员不对客人说"不"。

按照这个"倒金字塔"，一线服务员的权威最大，而总经理是全酒店最大的店小二。当客人有抱怨时，服务员可以指挥经理赶快到房间；当客人有特定的需求时，服务员可以指挥厨师长赶快准备好。目前这种管理模式也逐渐引入俏江南各店。

虽然目前经济面临着增长的压力，但我认为随着中国中产阶级的数量和消费能力不断上升，高端餐饮还是有一定上升空间的。寒冬时期主要做好三件事：一是管理好食材；二是保证品质；三是全方位提升服务水平。不管外界环境如何变化，唯一不变的是要遵从市场规律、围绕顾客做事，以不变应万变。

## 2.3 中国餐饮的理性期

2013 年是餐饮行业的分水岭。

餐饮行业在经历了洗牌和整合之后,高端需求受到抑制,不少高端餐饮品牌 IPO 受阻,营业额下降,不得不转卖他人,甚至还出现了关店、跑路的现象。但是随着消费升级驱动的大众餐饮需求快速上升,餐饮行业出现了明显的回暖。2015 年和 2016 年两年,餐饮收入增速持续高于社会消费品零售总额整体增速,并因此成为消费增长的重要驱动因素。

餐饮行业也迎来了理性发展期。

餐饮理性发展期的一个重要特征就是一批高性价比、家庭餐饮品牌的崛起。典型代表就是外婆家、绿茶、新白鹿、弄堂里等品牌。

**外婆家**

外婆家的模式对餐饮人来说非常具有借鉴意义,注意,我说的是借鉴,而不是模仿。我认为外婆家的模式充分体现了江浙人的经商理念:薄利多销。

外婆家用一个时尚的空间设计,让家庭甚至是朋友聚会都不会显得"跌份",同时消费额度定位在亲民价,这就需要餐厅压缩服务成本,还要有较高的翻台率和较低的房租成本才能抵消掉装修成本。2008 年,正是 ShoppingMall(超级购物中心)全力发展的时代,那个时候,与今天商家希望商场给自己导流不同，商场希望外婆家能给他们带来客流。于是，商场就为商家提供了非常优惠的房租价格，有的商场甚至还给商家补贴装修费。应该说外婆家是享受了商业综合体的红利的。

而为了压缩服务成本，外婆家在点餐环节就开始动脑筋，比如给客人一张一次性的印刷菜单，让客人自己打钩，客人选好后，服务员收回去再在点菜系统里输入，这就避免了来一桌客人，服务员站在边上点菜的情况，既节省了服务员人力，又减轻了客人点菜的压力。同时为了节省服务成本，外婆家采取客人自助倒水的方式。有人会问，这个没有服务的餐厅为什么还会这么火爆？其实原因很简单，就是有两个理由你无法拒绝，一是空间的"高颜值"；二是菜品的高性价比，比如一份麻婆豆腐十几年了依然卖3元/份。以上两个理由，如果能满足任何一个，餐厅生意都不会差，何况外婆家把两个都做到了极致。而充满时尚感的装修，使外婆家十年前就领先了整个行业。

刚才提到，为什么不能模仿呢？因为单一模仿他们的模式往往死路一条。原因很简单，如果你不能拿到铺位的优惠资源，你就不敢花大价钱去装修，更不敢用亲民的价格经营。而在现在铺位越来越贵的情况下，商场又凭什么再给你最低的价格呢？现在就连海底捞都不一定能在好的位置享受到优惠的政策了。

这一阶段另一个重要特征就是餐饮行业开始全面拥抱互联网。美团正好赶在这个阶段成立。

美团网于2010年3月4日上线。这一次再创业,王兴是经过深思熟虑的,对于团购网的盈利模式,他有着自己的理解。他认为,互联网的第一个阶段是门户网站,这个阶段网站的盈利方式主要依赖广告;第二个阶段是搜索引擎,这个阶段的盈利方式同样是广告,不过投放广告的门槛降低了很多,更多的商家可以购买关键词为自己宣传;第三个阶段则是团购,通过数据的分析对消费者进行精准的推送,团购网作为中间人,连接着两端的商家与消费者。

从当年的"千团大战"到"百团大战",再到"三足鼎立",这些本地生活服务行业的互联网平台让餐饮人经历了第一拨互联网的洗礼和冲击。他们原本的经营模式就是开门等客，而早期团购的发展让他们可以提前收到订单、锁定客人，这个模式对传统的经营思维有着非常大的冲击，可以说团购业务的发展培养了餐饮人的互联网思维能力，第一次感受到了互联网力量。2015年10月，美团和大众点评两家互联网公司合并后，美团外卖的发展让餐饮人第二次感受到了移动互联网的力量，这些对餐饮理性期的发展都起到了非常大的推动作用。

在消费升级的背景下，移动互联网成为生活的一部分，它对餐饮行业的影响越来越强，互联网用户已经习惯于通过手机App来产生消费行为，并且移动互联网用户量也基本饱和。这批年轻的"85后""90后"成为消费的主力军，他们的消费习惯、消费观及审美观都发生了很大的变化，餐饮行业迎来了第四个阶段。

## 2.4　中国餐饮的升级期

2012年，以黄太吉、雕爷牛腩、西少爷、伏牛堂为代表的一批有互联网思维、有创意策划能力的群体进入餐饮行业后，在餐饮行业刮起了一阵互联网餐饮的风。现在来看，它们虽然并不能说取得了太大的成功，但带来了一个直接的结果，即它们的出现让风险投资开始注意到餐饮这个行业。它们对互联网思维的理解、互联网工具的应用以及品牌营销方面的能力对传统餐饮人起到巨大的冲击作用，传统餐饮人也在思考，如何跟上互联网时代和如何去弄懂年轻用户的消费需求？

互联网代表的就是年轻,代表的就是"OPEN"(开放),代表的就是分享。互联网思维的本质就是一切以用户体验为中心。当传统餐饮人慢慢理解这个思想后,餐饮业也就迎来了全新的升级期。

我将从用户和餐厅两个角度来思考餐饮行业的升级。

从用户角度来说,升级首先是审美观的升级。我认为审美观的升级是消费升级的直接表现。对美的追求,从小的方面说反映的是品位提升,从大的方面说反映的是文化自信,当然其背后离不开消费能力的提升。

于是我们看到了永和豆浆的"升级版"——桃园眷村火了起来。

桃园眷村的创始人有两位,其中一位创始人有着一个非常霸气的名字聂豹。聂豹是一个"70后",在创建桃园眷村之前,已经在商海中摸爬滚打了16年,十分有经验。而另外一位创始人是程辉,曾经担任过广告公司的设计总监。这二人的合作,是"有经验的"遇上了"懂专业的",真可谓是如虎添翼。

几年前,一篇《他在LV边上开了家烧饼油条店,火遍上海滩,网红们为吃上一口甘愿排队两小时》的文章刷爆了朋友圈,让很多人知道了桃园眷村这家餐厅。桃园眷村,听到这个名字就知道这家店与中国宝岛台湾有着密切的联系。桃园眷村在装修时采用了许多台湾风格的元素,和店名相互呼应,或许不是所有人都去台湾旅游过,但是如今所有消费者都可以在这家早餐店一睹台湾风情。

桃园眷村虽然曾经霸屏朋友圈，在互联网中有着很高的热度，但我们却不能仅仅用"网红餐厅"这个标签来形容它。对于桃园眷村来说，网红只能算是它的一段经历，而不是它的风格。与许多欧式、国际化的网红餐厅不同，桃园眷村走的是怀旧风格，名字中的"眷"字是对它最好的解读。

每个走进桃园眷村的消费者，都能感受到一种和其他喧闹的早餐店不同的感觉，它优雅、从容，充满了艺术气息。可以说，店中的任何角度，都能够满足时下年轻人发朋友圈的需求。并且店中还会播放音乐，让消费者能够更加放松地享用美食。

我们也看到了传统路边奶茶店的"升级版"——喜茶。

我们也看到了传统二元店的"升级版"——名创优品。

还有传统路边摊烧烤的"升级版"——木屋烧烤。

另外一个升级,从企业角度来说,就是对精细化管理的要求越来越高。中国餐饮行业经历了 40 年的发展,从一个粗放的低门槛行业越来越发展成为一个精细化、高门槛的行业。其实不光是餐饮行业,任何一个行业都是如此,从经济的上半场走向下半场的一个重要特征就是数据化的应用越来越细。而新一代餐饮人也成为互联网的重度用户,他们对科技、对数据化的理解更为深刻,就像乐凯撒的创始人一样,出身于 IT 行业,自然思考问题的方式和解决问题的方式和传统餐饮人不一样,而我认为这种方式是代表了先进生产力的,他们会推动整个行业往更精细化的运营方向发展。

当然,美团点评作为一个家平台公司,如今认为餐饮行业的一个非常大的战略方向就是提升餐饮行业的供给侧数字化能力,希望通过平台十几年来的发展,积累各个维度的数据,反过来向餐厅输出一定能力,帮助其更好地运营自家店。

# 第 3 章
# 新餐饮的四大特征

当下我们已经走入了一个全新的时代，这个时代和以往不一样，我们的消费主体越来越年轻，基本是移动互联网的用户，人口的红利也逐渐消失，互联网越来越深的和产业紧密结合，产业互联网的风口已经到来。耕耘产业互联网需要你对产业有非常深入的理解，并且有十足的耐心。

对于餐饮行业来说，我们认为以线上线下一体化、数据化、零售化、科技化为特征的新餐饮时代已经到来。

## 3.1 线上线下一体化

我经常讲我们现在已经生活在了一个在线的时代，很多人就会问我，说我们现在的店在美团、大众点评上也能搜到，是不是已经在线了呢？我说，这不是完全在线，只是在线的一部分。为了更好地理解线上线下一体化的含义，我把 O2O 的发展分为了三个阶段。

第一个阶段：信息在线

大众点评从 2003 年成立开始做的就是信息在线的事情，把生活服务行业的店铺搬到网上，但搬的方式是通过用户来建立信息，也有一部分是商家自建信息。大众点评把一些最基本的店铺名、电话、地址等信息放到网页上，代替了传统的黄页，我们以前出差去酒店的时候，酒店里一定有一本电话黄页簿，现在这些内容应该快成"古董"了。同样，阿里巴巴刚开始做的也是信息在线的事情，就是把中小企业的基本信息放到网上，让别人能通过网络找到你。最初的互联网公司，做的事情基本都是围绕信息在线这个需求开展的。

第二个阶段：交易在线

2010 年，以美团为代表的团购网站的兴起，让用户可以在线上付款购买团购券或者团购套餐了，然后，用户凭着付款后收到的"消费码"就可以到店消费了，这种消费方式极大地改变了餐厅的经营模式。以前餐厅开店经营都是采取开门等客的方式，这属于不确定性经营。但团购让餐厅提前锁定了客人、提前收款，这样餐厅就可以根据需求提前准备食材了。这对餐厅来说，经营就从不确定性变成了确定性。现在回望过去，团购这项业务最大的作用：一是把餐饮老板领上了互联网交易在线的道路；二是培养了用户先付费再消费的意识。可以试想下，如果没有团购对市场的率先"教育"，外卖这样的先付费再消费的方式会不会进展慢一些呢。

### 第三个阶段：行为在线

到了 2015 年，随着移动互联网和移动支付的快速发展和普及，我们的很多行为都转移到了手机上，用手机点外卖、买电影票、买高铁票、买机票。不光只是购买的行为体现在手机上，更重要的是我们体验到了用手机买电影票后，你可以直接选好座位，到电影院就可以观影了，这就极大地降低了观影成本。想象一下，如果我们好不容易有时间想去电影院看个电影，大老远地跑过去，发现没有票了，或者没有理想的位置，这样观影成本就增加了。今天通过手机买电影票的比例占到整个电影票房的 80%，其中手机选座这个功能应该起到了很大的推动作用。而如果影院今天把取票机全改为像乘地铁时进站的闸机的话，检票员应该都不需要了吧。

现在的人都用手机打车软件，到达目的地后钱都不用付，下车就走，软件系统自动扣费，与以前人们乘坐出租车，到达目的地后支付现金，还要花几分钟时间等待司机"出票、找零钱"相比，大大节省了出行效率。

现在用手机买好机票后也可以直接值机选座位了，不用提前 2 小时到机场，只要起飞前 40 分钟到机场就可以了，这相比以前乘飞机前的时间花费要节省 1 个多小时，算下来，一年能给社会带来不少的经济效益。

线上线下一体化，本质上就是消除了线上和线下的区别。因为打开手机就在线上，关掉手机就是线下，事实上没有线上和线下之分了，线上和线下最根本的区别是消费体验的区别，而不是价格上的区别。

电子商务的出现将原本线下生意的一部分搬到了线上，这就是早期淘宝的发展状态，用户愿意去线上买商品，因为更便宜。为什么便宜呢？因为没有传统生意里的渠道层层加价。同时，随着快递业的迅猛发展，用户又可以足不出户地买到便宜的商品。

之后，用户需求在不断升级，用户希望能在线上买到中意品牌的商品，不想因为担心不确定性的商品的质量而图便宜，宁愿多花点钱买确定性的靠谱的品牌商品，这就诞生了天猫。天猫的定位就是让品牌商入驻，但这些品牌商原本在线下就有实体店，如何平衡线上和线下因价格不同而产生的矛盾呢？有两种解决方案：一种是线上线下不同款不同价；另一种是线上线下同款同价。第一种方案对于传统生产型企业来说要求太高，相当于有两套产品设计方案、两套供应链。慢慢地，第二种方案成为主流选择，即我们现在看到的线上线下基本同款同价，区别是线下店既是销售中心，又是体验中心。比如女孩逛街的时候去线下店体验一下，哪天想买了就再去线上下单了。如今，线上线下已经不再用渠道的不同来区分了，而是用购物体验的不同来区分。

新零售的代表有阿里巴巴旗下的盒马鲜生、美团旗下的小象生鲜，为什么它们一定要求用户即使在店里还得用独立的 APP 买单？其原因是传统的超市只能覆盖三公里半径圈，商家开一个实体店的成本只会越来越高，而用户又会越来越懒、到店次数越来越少，那如何提升门店坪效呢？有两个办法解决：第一是多让用户来店购物；第二个是让用户即使不来店也可以购买商品。

第一种办法可以通过"超市+餐饮"的模式留住用户，用户逛超市的意义被重新定义成"购物+就餐",这就大大提升了用户到店消费的频次,尤其是商家引入海鲜现场烹饪的服务,突出了价格优惠和所见即所得的用户体验,这对用户来说吸引力大大提升了。甚至在用户心目中还形成了吃海鲜就去"XX商家"的心智,如果没有这样的消费体验,用户一周去一次超市可能都很难实现。

第二种办法是培养用户在家就可以购买商品的习惯,所以,商家会从一开始就引导用户下载它们独立的App,养成即使在店,也在线上选品、付款的习惯。以后,越来越多的用户可能会选择在家下单,如果外送半径以5公里计算,对传统超市来说,即使少开很多家实体店,一样能覆盖整个城市的用户。更重要的是每一笔消费背后都能产生用户消费行为数据,用户在哪里、是什么用户、消费能力如何、有何种消费偏好等数据维度,商家都可以获取。对这些数据维度进行分析后,商家能够更精准地了解用户需求,可以根据用户需求来配货,根据用户位置来开超市,而且不同的店可以卖不同种类的产品。这和传统超市最大的区别就是用户需要什么我就卖什么,而不是我有什么就卖什么。再延伸思考,生鲜产品是最考验零售店经营能力的品类,我用销售帝王蟹来举例,按照这种方式,商家可以提前收集用户的订单,订单数量达到后再向上游下单,货到的那一刻其实就相当于卖完了,既做到了货品新鲜,又做到了零损耗、零库存,这就是新零售的厉害之处,也是线上线下一体化的厉害之处。

如今,餐饮行业的线上线下一体化的销量比还不到大盘的10%,但用户通过线上买电影票的比例已经占到整个院线的80%,用户通过线上买高铁票的比例占到了 90%，这对餐饮行业来讲还有巨大的提升空间。如何提升？提升又能带来什么价值呢？

王兴在 2016 年下半年提出了"互联网下半场"理论，希望通过互联网与各行各业深度整合，用互联网和 IT 全面提升整个行业的效率。为此美团点评设立了餐饮生态平台，重点推进餐饮商家的 IT 系统建设，使 IT 系统标准化和互联网化，加快对餐饮供应链的布局。

在美团点评高级副总裁王慧文看来："过去美团点评认为自己是一家运输公司，把消费者输送到商家去，把商家菜品运到消费者那去，我们没必要修路，修路应该由市场建。但这个道路建设非常缓慢，影响了运输公司的发展。作为这个行业的主要参与者，我们要推动修路。"目前国内餐饮行业 IT 化普及度不高，ERP 市场更是处于无序发展状态，且不说 ERP 系统，很多小型餐饮商户连收银设备都没有，还在利用纸质菜单和人工管理的方式。大中型餐饮商家虽然已经开始使用餐饮 ERP 系统，但由于经营业态和业务流程的不同衍生出很多个性化需求，单一的 ERP 公司缺乏对业务理解深刻的人才，无法满足复杂的需求。小门店不需要很复杂的功能，最基本的收银功能就可以满足其需求。拥有多家门店的餐饮品牌，正在逐步建立标准化流程，必须有原材料进销存和连锁门店管理的功能。对于大型餐饮来说，不满足于店铺的基础运营，不仅要去财务系统打通，为财务提供数据支持，还要搭建会员系统，通过会员营销维持客流。

今天，我们可以在猫眼 App 上选好电影院、选好电影场次、选好座位、付好钱，开映前几分钟到电影院就可以了，这大大地降低了观影成本。这个体验能实现的前提是电影院的系统和猫眼 App 的系统是打通的,就像盒马、小象的 App 和它们的收银系统是一体的一样。

为了帮助餐厅实现线上线下一体化,美团点评在收银软件领域做了大量投入,投资控股了以服务头部商家的软件公司天子星和餐行健;收购了以服务腰部客户的软件公司屏芯科技和专做轻快餐的系统同步时科技,以及自主研发服务长尾客户的美团收银,还通过开放平台让餐厅现在使用的系统和美团功能对接的方式,实现了为不同规模、不同类型、不同业态的餐饮商家提供的全套解决方案,最终实现通过以收银系统为连接器,打造线上线下一体化的智慧餐厅。

线上线下一体化后都有哪些具体的使用场景呢？我简单举几个例子：

1. 线下开店的同时，一键实现线上门店。现在线下开店需要把餐厅的地址、电话、桌台、菜品、价格等都输入收银系统里，还得再到美团、点评平台上输入门店信息，这就显得比较麻烦，而未来实现一体化的场景就是线下开店的时候一键把所有信息都同步到了线上平台。

2. 无缝对接外卖订单。现在，餐厅接外卖订单需要用一个外卖专用打印机或者通过外卖后台来接单，然后再录入收银系统里，最后下厨做出菜品，可是，餐厅忙的时候，收银员很难顾得过来。而实现线上线下一体化后，外卖订单就自动进入门店的收银系统里，收银员只要确认订单，产品就可以直接下厨，当然不仅是外卖订单，还包括线上预订、排队、点菜、支付、优惠券核销等都可以在门店收银系统里一步完成，极大地提升了门店经营效率。

3. 全渠道会员系统，给餐厅老板另一个经营大脑。通过收集所有渠道过来的消费行为数据，包括线上外卖、团购、买单、排队、评价等和线下点菜、会员、支付等各个场景的信息整合，形成一个全场景、全渠道、全维度的消费行为分析，这将对餐厅的精细化经营起到非常重要的决策指导作用。

当然这只是餐饮行业线上线下一体化的一些具体应用场景，线上线下一体化的本质是把用户端的 App 和商家的系统彻底打通。而其带来的最大的价值，就是产生了大量数据。

## 3.2 数据化

当美国人还在用支票付水电费的时候，中国的普通百姓已经可以用手机来买茶叶蛋了，移动互联网的应用让今天的中国变成了全世界数据资源最丰富的国家。我为了能更深入地理解大数据，去年读了一本叫作《智能时代》的书，这本书给了我很大的启发，让我更深入地理解了思维的形态。

### 什么是大数据

大数据是近几年频繁出现在我们耳旁的一个新兴词语，那什么是大数据呢？麦肯锡全球研究所在《大数据：创新、竞争和生产力的下一个前沿》报告中对其定义为：大小超出常规的数据库工具获取、存储、管理和分析能力的数据集。亚马逊的大数据科学家给出了一个更简单的定义：任何超过了一台计算机处理能力的数据量。而维基百科中只有短短一句话：巨量资料，指的是所涉及的资料量规模巨大到无法通过目前主流软件工具，在合理时间内达到撷取、管理、处理并整理成为帮助企业经营决策更积极目的的资讯。上面几个定义，无一例外都突出了"大"字。那么，大数据究竟有多大？大数据的"大"，首先指的是数据量空前巨大，远远超出传统计算机处理数据量的级别。据统计，每天卖出的手机为 37.8 万部，发出的社区帖子达 200 万个，发出的邮件高达 2940 亿封。

数据本身是客观存在的，我们每天吃饭、睡觉、行走、购物，都会产生数据。由于智能设备的快速普及，几乎可以把我们每时每刻的行踪和偏好完整地记录下来。起床后拿起手机浏览新闻，上班路上使用导航软件规划路线，中午使用外卖 App 订餐，晚上去公园跑步，智能手环会自动计算行走里程和卡路里消耗，周末通过手机订座购买电影票。20 世纪 90 年代，我们开始接触互联网，互联网让网络互联、信息互通，世界逐步变成了"地球村"。那时经常会说我们生活在一个信息爆炸的年代，而今天我们则像是生活在一个数据爆炸的年代。

全球数据正在急剧增长，据谷歌技术主管透露，世界上 90% 的数据是过去几年里产生的。事实上，过去三十年里，全世界的数据量大约每两年增加 10 倍，已经打破了计算机领域的摩尔定律。摩尔定律是由英特尔创始人之一戈登·摩尔提出来的：当价格不变时，集成电路上可容纳的元器件的数目,约每隔 18~24 个月便会增加一倍,性能也将提升一倍。据专家预估,到 2020 年全球将会有 240 亿台联网设备,超过一半是移动设备。

数据类型繁多,如文字、语音、视频、图片、地理位置信息等。受限于网络传输速度,最初的数据记录是以模拟形式存在的,或者以数据形式存在但是存贮在本地,例如监控录像,会受到硬盘容量的制约。云存储通过网络把数据上传云端,摆脱了录制时长的限制,监控录像不再完全依赖大容量的硬盘存储,移动互联网出现后,移动设备产生了传统 PC 设备所不具备的数据类型,比如照片、声音和地理位置信息,这是由移动设备自身的天然属性所决定的。移动设备产生的数据代表着用户的某种行为、习惯,这些数据是过去未曾出现的,在经过频率分析后会产生巨大的商业价值。通过大数据分析了解人们的行为特点和生活习惯,可以帮助企业洞悉消费者的潜在需求,改善产品及服务体验,及时掌握市场竞争变化趋势。

### 大数据的重要性

阿里巴巴前云计算 CEO 王坚博士说过,互联网是基础设施,大数据是生产资料。我认为,大数据是移动互联网时代馈赠给我们最好的礼物。

"数据是新的石油。"前亚马逊首席科学家、斯坦福大学讲师维根教授简单直白的阐述,开启了大数据成为新的战略资源的新观点。对此,IBM 执行总裁罗睿兰认为:"数据将成为一切行业当中决定胜负的根本因素,最终数据将成为人类至关重要的自然资源。"罗睿兰表示,上一个十年,他们抛弃了 PC,成功转向了软件和服务,而这次他们将远离服务与咨询,更多地专注于大数据分析带来的全新业务增长点。然而,大数据不只在学术界和互联网领域成为焦点。国务院发布的《大数据产业发展规划(2016－2020年)》中指出,实施网络强国战略,加快建设"数字中国",推动物联网、云计算和人工智能等技术向各行业全面融合渗透,到2020年,力争在新一代信息技术产业薄弱环节实现系统性突破,总产值规模超过12万亿元。这也成为大数据从商业行为上升到国家战略的分水岭,表明大数据正式提升到了国家战略层面。

随着大数据和智能化的发展,改变的不仅是生产关系,更深层次的是思维形态的变化和方法论的变化。在《智能时代》这本书里,吴军博士把人类的思维形态总结为机械思维和大数据思维,我认为非常好,我在中间又增加了一个思维,就是互联网思维。

## 1.0:以蒸汽机发明为标志的机械思维

第一个阶段是以蒸汽机发明为标志的机械思维时代。机械思维就是先提出一个假设,再去论证,论证的方式是通过计算。就像几何学的理论,按照因果关系的逻辑推理。这套思维的形成可以追溯至古希腊和古罗马。欧洲之所以能够在科学上领先于世界上其它地区,在很大程度上是依靠从古希腊建立起来的思辨思想和逻辑推理的能力,依靠它们可以从实践中总结出最基本的公式,然后通过因果逻辑构建起整个科学理论的大厦。其中最有代表性的是欧几里得的几何学和托勒密的地心说。

而牛顿更是把这种方法论进一步发扬光大,不仅把欧几里得通过逻辑推理建立起一个科学体系的方法论从数学扩展到自然科学领域,而且把托勒密用机械运动描述天体的规律,扩展到对世界任何规律的描述。牛顿的力学三大定律和万有引力定律,奠定了现代科学的方法论,即大胆假设,小心求证。

机械思维的本质就是确定性、普适性和因果关系。机械思维在那个时代产生的影响是非常巨大的,在这种思维的引导下,知识分子通过公式推导,可以设计和生产很多前所未有的工具。英国工人瓦特,通过业余时间去研究力学原理,改良了蒸汽机。蒸汽机的广泛使用,掀起了人类历史上的第一次工业革命,大大推动了工业文明的进程。机械思维帮助人类认识自然,改造自然,摆脱了自然的全面控制。蒸汽机和电力的应用,更是解放了人类的双手,发展了生产力,变革了生产关系,使工业进入社会化大生产阶段。特别是自动化生产线的出现,降低了生产对人力的依赖,使得人越来越偏重理性逻辑。

机械思维默认这个世界的所有事物都是有规律的,而这些规律是可以确定的。比如在餐饮行业,餐饮人喜欢到处去学习新模式、考察新产品,然后在成千上万个品类中选出一个方向落地。

"大胆假设、小心求证"的机械思维沿用至今,成果也是显而易见的。机械思维这种思维方式看似简单有效,但很容易被历史的经验牵着鼻子走,陷入固有的认知，不能根据未知的变化进行调整。前有黑天鹅事件（黑天鹅事件指非常难以预测，且不寻常的事件，通常会引起市场连锁负面反应甚至颠覆）。在发现澳大利亚之前，17世纪之前的欧洲人认为天鹅都是白色的。所以欧洲人没有见过黑天鹅，"所有的天鹅都是白的"就成了一个没有人怀疑的事实，一直到人们在澳大利亚发现黑天鹅，欧洲人的想法因此发生了一百八十度改变。

机械思维是一种线性思维，惯性思维。现如今机械思维已经不太适用了，因为这个世界具有太多不确定性，基于历史会重演的认知，通过分析历史得出规律，预测未来，依靠因果关系这种方式认识世界的效率其实非常低。事实上，我们往往过于重视历史重演的可能性，而忽略了研究历史未能展现的其他可能性。认知是有边界的，边界决定了我们坐井观天的井口有多大，也决定了我们可以看到外面多大的空间。即便是多年精通巨灾保险的巴菲特也是如此，"在财产保险定价时，我们通常都会回顾过去的经验，只考虑可能会遇到过去发生过的，诸如飓风、火灾、爆炸及地震等灾害，不过谁也没有想到，财产保险史上最大的理赔损失与上述因素无一相关。"巴菲特也没有想到"9·11"事件，"我心里想到的是自然界发生的天灾，但想不到发生的竟是'9·11'恐怖分子袭击事件这样的人祸。"他分析，"只关注历史经验，而没有关注风险暴露。"其结果导致我们承担了巨大的风险，却没有做出任何预防。

大家都熟知"刻舟求剑"的典故，故事批判了人的思维僵化，不懂得变通，不会根据周围环境的变化处理问题。餐饮市场是一个快速变化的市场，顾客在变，口味在变，餐饮的运营模式也要跟着变。不少餐饮老板仍然在重复这种"经典"错误，其突出表现就是机械地解读新事物，单纯依靠经验进行决策，很容易陷入认知的误区。通过分析历史判断未来，实际上在不知不觉中，自己已经被机械的思维定式所主导，被历史数据牵着走。通常表现为在大趋势上后知后觉，不能把握住大趋势下隐藏的最佳的市场机会。在互联网外卖兴起的初期，很多餐饮老板并不看好外卖，甚至有极端者对外卖产生抵触情绪，不与外卖平台合作。在他们的认知里，外卖是与堂食抢生意，或者认为外卖是堂食的一种补充，有条件就做，没条件不做。对于很多不能跟上互联网时代潮流的餐饮老板来说，互联网这些新事物带来的危害是极大的，他们觉得这些是"舍本逐末"。之所以有这种感觉，是因为他们对这些新事物的认知是非理性的，不全面的，不符合本质逻辑的。

尤其是在今天来看，移动互联网已经不再只是个工具，而是成了生活的一部分后，以及"90后"都成为消费主体后，我们发现太多的事物无法再用规律和经验来理解了。

## 2.0：以用户体验为中心的互联网思维

第二个阶段是以用户体验为中心的互联网思维时代。我认为互联网思维的核心思想就是以用户体验为中心。如果说机械思维是研究物，那互联网思维就是研究人的。在互联网思维当中，人是一切。

前不久，有个在故宫看门的人"火"了起来，他就是故宫博物院院长单霁翔。为什么"火"呢？关键在于他在非常巧妙地运用互联网思维做故宫的管理，以用户以中心去解决游客的核心诉求,想着为游客提供更好的旅游体验。

过去我们到故宫玩,可以看到门口有很多售票窗口,需要排队买票,现在这些都取消了,改成了手机扫码购票。从现场售票进入"博物馆全网售票"时代,故宫博物院花了6年的时间,这是中国移动互联网跃进式发展的6年,也代表了游客购票习惯悄然变化的过程。

早在2011年,故宫就开始尝试网络预约售票,令人大跌眼镜的是,首日门票预订仅有287张,直到2014年,全年网络售票量总体占比也没有超过2%。2015年,故宫开始实行8万人次限流和实名制售票,网络售票比例出现了很大的变化,当年网络售票占比就提升至17%。从2017年开始,故宫开始实行互联网平台售票和手机扫码购票后,网络售票迎来了爆发性的增长,同年8月份,故宫网络售票占比77%,在同年10月2日,故宫首次实现了全部门票网上销售。故宫取消售票处,而实行网络售票的出发点,是降低观众参观的等候时长。目前在网络票尚未售罄的情况下,每天有 1.5~2 万名观众可以通过现场手机扫描二维码购买当日门票。按照这样的出票量计算，在高峰时段需要同时开放 30 个窗口连续销售 2 个小时，每位游客等待时间超过 15 分钟，而网络售票的方式可以把等候时间压缩在 5 分钟以内。

故宫不光从这个角度来看用户体验，这几年故宫还大力发展衍生产品，形成了故宫 IP，将网上易传播的"萌"系列和故宫的传统文化、严肃形象进行了结合。如此强大的冲突迅速在网络用户中形成传播，借助故宫淘宝店、故宫微信店，2018 年，故宫这些衍生品的销售就达到 10 亿元以上，远远超过了它的门票收入，而艺术延伸品在国内还有巨大的市场空间，我想：如果故宫上市，应该是一支很不错的股票。

在过去的时代，信息严重不对称，消费者没有太多选择，传统企业只要产品质量过硬、销售渠道多，生存是没有问题的。互联网时代来临后，信息获取日益简便快捷，消费者有了更多的选择，长尾效应和个性化需求逐渐显现。

近年来，很多传统企业也积极拥抱互联网，认为开个淘宝店铺或者京东店铺就是践行互联网思维了，然而在淘宝或京东开店，只是使用了互联网的一个基础功能，把互联网当成一个工具、一个销售渠道。但事实上，如果想服务好互联网的用户群，并不能简单地将线下产品拿到网上去卖，而要从业务流程、产品设计的层面进行改造，要考虑生成设计适合网上用户需求的产品。比如故宫的衍生产品，它们设计的"猫"系列产品就是前期经过大量的互联网用户调研而设计生成的。

小米是典型的以互联网思维为方法论实现发展的公司。传统手机公司的经营流程是生产、销售,也就是我生产什么你买什么,你买了后也不可能再改动了。但小米采用互联网思维生产手机,就彻底颠覆了这个体验。小米手机前期先通过论坛收集用户需求,不断对产品进行改进,甚至每周迭代一次。用户想要什么功能,可能一个星期之后,这个功能就实现了,这在传统制造行业是没法想象的。

再比如传统制造业的代表公司海尔,也开始深入理解互联网思维,以用户需求为中心,尝试向定制化转型,将产品组合的选择权放到消费者手中,根据他们的个性化需求进行加工生产,海尔在线商城允许我们选择空调的颜色、款式、性能、结构,并自建了日日顺物流提供家电送货上门及安装服务,以至于消费者可以预约上门送货时间。

最后以外卖来举例。早期做外卖的商家因为不熟悉外卖行业,只是把堂食的菜品直接放到网上卖,事实上这是行不通的,因为到门店消费的客人和线上消费的客人的诉求是不一样的。线上点外卖是为了便捷地解决温饱问题,这对客单价的要求、菜品分量的要求、做法的要求都和到店消费不一样，所以现在做得好的商家，都是线下堂食和线上外卖采用两个菜单、两种价格、两个分量。

## 3.0：以数据分析为导向的大数据思维

第三个阶段是以数据分析为导向的大数据思维时代。随着社会的发展，我们越来越处在一个不确定的时代，蝴蝶效应现象会越来越多，产生的影响也会越来越大。因为太多的不确定性，让太多人的感到焦虑，而如何化解焦虑，让不确定性变为确定性呢？答案是：用数据化的思维去分析和验证未来的确定性的事物。

对餐饮行业来说，这个行业实在有太多的不确定性！因为我们不能左右每天食材的价格，不能左右每天到店的客人数量，更不能左右客人的消费金额，我们能做的就是每天做好餐厅卫生、设计好菜品、做好服务，然后开门迎客。

但如果我用数据化思维来分析一个餐厅，我们其实是可以对明天、后天的生意有些确定性的预估的。我举个例子：

早在 2005 年 5 月，口碑网就推出了会员卡，针对持卡会员提供商家的促销优惠。然而，仅仅一年多后，这就被证明是一个失败的产品。发出去了几千万张实体会员卡，经常使用的只有几十万张，使用率不到 1%。口碑网的流量主要还是在线上，而会员卡的消费却是在线下。其中的弊端在于，在口碑网会员卡积分系统与商户收银财务系统无法对接的情况下，商家做营销往往是被动的，会员到店消费享受了折扣，但是顾客的详细信息，商家无从而知，也无法进行二次营销。对用户来说，实体卡携带不是很方便，甚至当用户去商家消费时，可能都不知道该商家可以提供哪些会员优惠活动，或者因为忘记带卡而没办法享受优惠。线上线下缺乏数据的连接，不能够实现实时的交互，商家认为没价值，用户觉得不方便，结果自然是慢慢湮没在历史的洪流里。

我在2008年的时候还专门写过一篇文章对口碑盈利模式进行分析，后来发在了Donews论坛上。过了几年，网上有个人加我QQ对我说，看到我几年前写的那篇分析稿件，如今口碑正在这么做……只是后来口碑又经历了多次分分合合，最终关闭。当然，前几年阿里巴巴又重启了口碑项目。我在准备写这本书的时候还想去把当年那篇文章的截图找来，可惜时间太久，Donews论坛也已经改版了。好在我在电脑里找到了当年那篇文稿，这次借写书的机会，把它放在书里，来复盘一下十年前的思考。

## 口碑业务分析 (2008年6月)

1、让口碑卡带来价值。目前的口碑卡只是将商家和消费者进行简单的衔接。给消费者一定的折扣，帮助商家带来些客户，如果只是这样的话，是没办法向商家收费的，因为能够打折的卡很多，它完全不需要和你合作。但如果产品能帮助这些商家，对每一个客户进行很好的客户管理，能让客户长期消费，能够做些精准营销的工作，这样对商家而言价值就不一样了。我们可以把这个卡按照实名登记，然后为每个商家安装一个类似POS机的终端，客人每次消费，只要刷一下这个卡，客户可以得到积分，并且积分可以换取口碑网的礼物，这样客户得到的不仅是消费的优惠，还产生了附加的价值（礼物要有足够吸引力）。商家刷卡，就可以通过口碑网准确地知道是谁来消费，这样就能对每一个客户做好管理，从而积累大量的客户数据。这样以后的促销、活动等就可以通过口碑网来进行精准营销了。

2、如果一个人消费一次，口碑网分一元钱提成的话，按照全国10万家的商家合作，一个店一天有5个人用口碑卡计算的话，这样一年就是1.825亿元的收入。对于商家来说，一年也就是1825元的支出，商家是完全可以承受这个价格的。当然也可以按照年费的方式来收取。也许有人问，商家可以不刷卡，或者不愿意这样合作怎么办？第一，商家不刷卡，消费者不愿意，因为他得不到积分；第二，相比这一元钱的分成来看，一个客户的资料价值更高，我想只要这个老板是希望好好开这家店的话，他一定能够明白这个道理，因为商家可以通过这一个人再吸引更多人。随着市场的发展，不光是企业注重客户管理，现在的消费场所更注重对客户的管理，当能对每一个客户进行很好的管理时，那就可以像国外的酒店对客户管理一样，时不时地通过短信提醒客户又多长时间没去光顾了，对收到短信的客户来说，也会有一种温馨的感觉，就像老朋友的问候一样。客户管理，不光是大企业的事情，更会成为众多中小商家的营销利器。

我在写这本书的时候，回看我十年前写的这篇分析文稿，发现那个时候我用的不就是数据思维的方法论吗？那个时候，智能手机没有得到普及，所以很多行为都不能产生数据，而大数据思维就是通过对消费者行为数据进行收集和分析，得出各种数据报告和最优的营销策略，让不确定性变成确定性。

举个典型的例子，大家出差时要"赶"飞机和高铁，以前出租车司机凭经验选择路线，遇上堵车经常是心急如焚，现在地图软件可以根据历史交通数据，再结合实时的交通流量，估算出到达目的地可能需要的时间，并提供建议最优行车路线。我们把不确定性的堵车，变成确定性的不堵车，这就是大数据给生活带来的便利。如今阿里巴巴技术委员会主席王坚博士，大力倡导的城市大脑就是利用了数据思维，其本质上是通过数据治理城市，而不是通过人为规划治理城市。当通过数据来治理城市的时候，典型的应用场景就是所有路口的红绿灯不是按照固定时间切换，而是按照车流人流来自动切换，这样就会避免我们现在经常看到的没有车的时候是绿灯，车多的时候却都在等红灯的现象发生，避免大量的社会资源浪费，我还经常为此打电话给交警反映某些灯口红绿灯设置的机器不合理。我个人是非常期待城市大脑的出现，真正实现用数据化思维来治理城市。

说了这么多，回到餐饮行业的使用场景来看，我们把数据化又分为消费侧数据化和供给侧数据化。而随着互联网和移动互联网这 20 年的发展，消费侧数据化已经基本实现，用户现在经已可以通过手机实现"吃喝玩乐行"的各种消费体验，帮助用户找到各种想吃的美食，也帮助餐厅带去了客流。而餐饮行业的供给侧数据化将是提升餐饮行业效率最重要的手段。为此，美团点评在 2016 年成立了餐饮生态事业部，就是全力提升餐饮行业的供给侧数据化。

王兴在 2018 年的乌镇互联网大会上也发表了"经济全球化背景下的数字经济"的主题演讲，我将其中的要点进行了整理：

> 在全球化方面，大众点评从 2003 年开始就不只做中国的餐厅评价业务，还包括全世界的餐厅。中国用户在出国旅游时也会使用大众点评订酒店，寻找餐厅。
>
> 在数字经济方面，分为需求侧的数字化和供给侧的数字化。需求侧的数字化比较容易实现，而供给侧的数字化刚刚开始。以餐厅举例，吃饭的人是需求侧，而餐厅就是供给侧。但餐厅涉及很多链条，要采购东西、雇服务员、购买设备，在供给侧分很多层次。因此数字化进度相对慢一些，需要逐步把整个链条的数字化完整打通。
>
> 美团点评已经在需求侧方面做了很多事情，如大众点评帮助大家找到很多餐馆，另外，美团外卖、美团酒店解决了大家的其他生活服务需求。美团点评还在做供给侧的数字化，比如美团智能收银，将餐厅的桌椅数量、每天售卖的菜品数量数字化；快驴进货是聚合餐厅的需求，通过美团点评的仓储和物流帮助商家实现餐厅的上游供应链数字化。把各个链条各个环节都数字化之后，将需求侧数字经济与供给侧数字经济结合，数字经济才完整，这是一个非常清晰的趋势。
>
> 5G 时代的到来对供给侧的数字化也极为有利。万物互联之后，

整个供给侧的数字化将更加完整。

科技企业帮助传统行业做数字化不应该是想去颠覆,而是要融合发展的思路。以餐厅为例,全国有 800 万个餐厅,科技企业做数字化,不是做一个新的企业替代它们,当然这也是不可能的。

餐饮行业具体的数据化应用场景,我会在第五章展开来讲。

## 3.3 餐饮零售化

餐饮零售化的重要表现就是外卖业务。而随着用户消费习惯和消费场景的变化,餐饮零售化和零售餐饮化已经越来越成为普遍现象。在日本和韩国,餐饮最大的销售渠道是便利店,在中国,这个渠道主要还是餐厅。餐饮零售化重要的方法论就是用零售思维看餐饮,用提升坪效的目的来做外卖。

坪效一词最早是零售行业的术语,出自中国台湾,用来评估商场经营效益的指标,指的是每坪的面积可以产生多少营业额,但台湾地区一坪约等于大陆地区的 3.3038 平方米,大陆地区的餐饮行业为了更加方便计算,就统一称为坪效,即每平方米每天 / 每周 / 每月产出的效益。这是对餐厅运营能力非常精细化的考验,随着这几年房租成本的升高,人员成本的不断增加,如何在店面翻台率达到上限之后,在不影响客户用餐体验和服务效率的前提下提升业绩呢?外卖就是最重要的一个手段。

眉州东坡创始人王刚认为,零售化餐饮食品未来会和到店餐饮"平起平坐"，会成为继外卖之后，餐饮行业下一个强劲的增长点。2008年，随着店面越开越多，原来建造的中央厨房已经不能满足餐厅需求，所以眉州东坡开始重建四川王家渡食品有限公司。从建厂到网罗专业人才，从引进国外先进设备到第一个产品研发成功，前后用时五年，耗资更是达到了两亿元。

科技属性的供应链带来的标准化，帮助眉州东坡在2017年仅用一年时间从7家店开到了16家店。同时也得以在餐饮零售化上开始发力。东坡肘子、麻婆豆腐、回锅肉、香肠……各种成品、半成品、酱料等50种产品，都可以在眉州东坡的电商平台以及部分商超中购买。

如今，王家渡食品有限公司年产一万多吨各类型制品、零售半成品、5000吨各类调料，产值已经达到2亿元。预计到2019年产值能达到3亿元，占到眉州东坡目前20多亿元营收的15%~16%。

眉州东坡能够取得成功，除了其耗费了大量时间、资金打造自身的产品，提高质量外，与其选择的零售道路更是密不可分。不能把所有鸡蛋放到同一个篮子里的道理是每个人都听过的，放在餐饮业来解释，却并不是将店开到不同城市、不同地区这么简单，也不是去涉足与餐饮完全不相干的领域，本末倒置，而是拥有更长远的目光，更敏锐的嗅觉，去发现自己企业甚至是整个餐饮行业更多的可能性。

无独有偶，在餐饮零售化取得成功的不只有眉州东坡。如今开遍大街小巷的周黑鸭同样是其中的佼佼者。

2017年，周黑鸭的外卖收入为2.84亿元，约占自营门店的10.3%，年净增超过了300%。据介绍，周黑鸭从2016年开始探索与外卖服务平台的合作，去年旗下产品已经在五个主流外卖平台上上架，通过网上订购的方式，其产品在55个城市提供本地外卖服务。

2017年，周黑鸭还有来自天猫、京东和微店等多个电商渠道的收入约3.44亿元，同比增长超过30%。目前，周黑鸭已将发展电子会员作为应对新零售等趋势的重要战略。据称，截至2017年年底，该公司发行的电子会员卡数量有了大幅增长，数量已经达到了940万余张。

在没有美团、饿了么等平台做这个业务之前，外卖其实更多的是店家为了方便本店的附近客人不到店，客人打个电话到店里后，店家安排服务员将餐送过去的一项服务。但随着互联网外卖平台的崛起，这个业务的逻辑、流程、商业模式完全变了。最直接的表现是它已经不是一个双方关系的业务，而是一个四方关系的业务，包含了商家、用户、平台、外卖小哥。

对于外卖业务的思考，我们可以从以下几个方面来看：

外卖的市场有多大？

中国在线外卖市场2018年规模预计达到2414亿元，同比增长18%。到2020年，预计将达到万亿元规模。在线订餐用户规模将达到3.5亿人，同比增长15%，规模和用户的增长率较上年都有所下降，但仍高于餐饮大盘增速。

外卖到底解决了什么问题?

通过美团外卖业务的数据增长情况可见,外卖业务的发展速度非常快,而且我们认为还有巨大的增长空间。那这背后是什么逻辑呢?

> "28万瓶啤酒、153万只小龙虾——这是美团外卖在6月14日俄罗斯世界杯开幕当晚送出的订单,其中,揭幕战开赛前15分钟订单量较前一日增长40%"
>
> ——人民网

美团外卖业务数据的增长情况

外卖取代的不是到店堂食而是在家做饭。

由外卖点餐场景分布图上可以看出,用户在家里点餐的场景是最多的,而不是我们默认理解为在写字楼点外卖最多;第二大场景是学校,应该也是出乎很多人意料的,可见现在的学生也不愿意外出就餐,有点时间更多会选择在寝室自由安排吧。

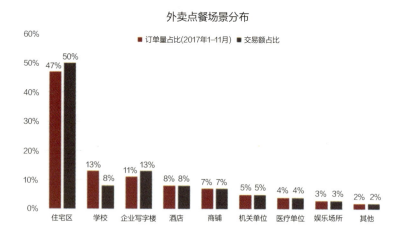

外卖点餐场景分布

懒的需求永远存在。

用户变得越来越懒,而懒是个永远存在的需求。随着技术的发展,用户改变懒的成本越来越低,当你叫一份外卖一个小时才到时,你可能下次就不点了,会宁愿多花点时间出门吃了。而如果每份外卖在 30 分钟内送到,这会越来越让用户无法拒绝"懒"这个需求。点了一次就会点第二次,点了第二次就会点第三次,形成习惯后用户就再也离不开外卖了。

吃饭的时间成本越来越高。

随着社会节奏的加快,时间成本越来越高,都市人已经不太愿意为了吃顿饭而花太多时间。一个人吃饭的频次远远大于多人吃饭和一家人吃饭的频次,而一个人吃饭通常会通过外卖来解决。另外,我认为,单身人数以及丁克一族人群数量呈现上升趋势,这些都会带动外卖业务的增长。

餐厅可以借助外卖来做产品测试。

外卖这个业务不仅是餐厅提升坪效的一个手段,还可以成为餐厅用来做产品测试、用户调研的一个途径。产品测试分为内测、外测,这是在互联网行业常用的方法论。对于餐饮行业来说,也需要不断地迭代产品,不断地研发、不断地测试,而外卖是个很好的测试手段。正式推一个产品前,可以将产品用低价格、小分量的方法在外卖平台上销售,并让用户留下评价,得到验证后,就可以在线下店大面积推广。

外卖思维本质上是零售思维,得用零售思维的方式来考虑餐饮问题。而零售的核心就是效率的转化,俗称 ROI(投资收益比)。效率越高毛利越高,反之效率越低毛利就越低,而零售行业是个对数据应用非常精细化的行业,其中不乏代表的企业,比如沃尔玛、好市多。

餐饮行业中,我经常介绍乐凯撒比萨的案例。乐凯撒比萨创始团队成员并不是传统餐饮人,而是由一群做通信工作的人发起创立的,他们一开始的思维就和传统企业不一样,他们更擅长用技术思维解决问题、用数据思维来发现问题、用模块化能力要求来组建团队。因为比萨是个非常适合点外卖的产品,所以外卖的线上运营就很重要,一般的企业是组建一个外卖电商运营团队来做这个业务,而他们是组建一个数据团队来做外卖业务,显然,这项业务对数据能力要求比电商运营能力的要求要大得多,数据团队一般在大公司中才会组建,比如像美团点评,每个业务都会有一个数据团队,俗称 BI 团队,这个团队很多人都有海外留学的背景,待遇也比一般团队高很多,你很难想象一个做比萨的餐饮企业会花这么大成本来组建这样豪华的团队。

如果你想明白了外卖业务的本质,就会明白这种做法是多么的正确。外卖的本质其实是数据化运营,也就是利用 RIO 产出比的公式,用数据化的思维而不是纯电商的思路去做外卖。而从结果来看,乐凯撒也的确交出了一份很漂亮的答卷,它们的外卖平台上客单价在 120 元以上的竟然占到了 30%,这样的数据在外卖平台上的所有售卖比萨品类的餐饮企业里,都应该是遥遥领先的。

外卖的发展,也产生了另外一个事物——共享厨房。共享厨房的意思是第三方整体租赁场地,再把这个场地切成多个小厨房,提供装修、水、电、气等基础配套服务,以及线下经营和线上开店要办理的各种手续服务,让小微商家可以"拎包入住",解决了很多小微商家想开店做外卖生意但又缺乏相应能力的问题。这对很多小微创业者来说,是个福音。

但这个业务最核心的因素就是要获得相应的资质,因为这种业务模式的食品监管是个大问题。近年来,随着美团外卖的发展,政府、餐饮平台对食品安全的重视已成为头等大事,现在在外卖平台上开店的商家,必须要有实体店,而开实体店则一定要有各种相应的资质。

据获得上海首张"共享厨房食品经营许可证"的吉刻联盟创始人史晓明介绍,吉刻联盟积极配合政府监管,把食品安全作为第一要素来管理。

目前,吉刻联盟在上海已经开了 150 家店,在为入驻商家提供空间租用服务的基础上,平台也在逐步迭代,业务包含了运营管理、品牌打造、为品牌提供餐饮 SAAS 服务,帮助餐饮企业从手工记账、手工管理、手工下单转向全程电脑化、数据化、可监控化、可视化的模式。可以想象,未来的共享厨房会更加的科技化,这也大大提升了整个行业各个方面的效率,同时也为餐饮行业开拓了一条全新的跑道。

在未来的十年里,餐饮的社会化、集约化、产业化会有巨大的发展。每 10 个中国人中有 3 个是外卖用户,每天能产生超过 2000 万份外卖,如此大的数据量,让现在的外卖行业的快速发展给环保带来的影响倍受关注。

外卖行业发展到现在这个阶段,其实是需要多方助力的。从环保理念倡导、环保路径研究、科学闭环探索、环保公益推动四个方面推动外卖行业环保化进程。比如青山计划，由美团外卖于 2017 年 8 月 31 日发起，这也是外卖行业首个关注环境保护的行动计划。其中，每月固定一天作为"美团外卖环保日"，向用户、商家宣传环保理念和公益行动，鼓励商户用环保纸袋代替塑料袋的外卖包装。另外增加美团外卖 App 上"不需要一次性餐具"的选项，用户在美团外卖订餐时可以进行选择，减少筷子、餐巾纸、牙签等一次性餐具的使用，在环保上做足功课。

不仅如此，美团外卖还在不断摸索模式，从外卖垃圾全生命周期的各个环节进行思考。在源头减量、包装升级、回收分类与循环利用等多个环节不断开发新型解决方案，将外卖餐盒回收 PP 料经改性后制造成摩拜单车挡泥板，进行涵盖设计、采购、制造、投放、运营、回收等流程，进入摩拜单车的各个阶段的全生命周期管理过程。

食品安全是餐饮的底线，也是外卖安排配送的核心。美团加强了食品安全方面的管控，更为消费者负责。比如外卖封签用于外卖包装的封口处。出餐时，商家将食物打包好并贴上封签；送餐过程中，外卖小哥确保食品在送达过程中包装完好、未被拆开；收餐时，消费者可通过检验封签是否被破坏来确认包装是否完好，若封签破损，可拒收。作为外卖行业创新性的小工具，封签的使用是从外卖包装层面保障了食物在打包、配送过程中的食品安全。

2018 年年底，美团外卖率先在业内推出外卖包装封签，并在全国 30 个城市免费投放 600 万张，美团外卖向商家免费发放的封签总数已累计达到 3100 万张。经过美团外卖"安心计划"的引导，部分商家还主动自行购买、印制封签，或通过为包装加装订书钉等方式为消费者提供安心保障。

由此也催生出了外卖配送员这个行业。2018年3月28日,美团点评与清华大学联合启动"城市新青年"计划,为城市服务业劳动者提供帮扶和学习发展平台,让专业的外卖小哥走近千家万户,成为城市一道靓丽的风景线。

## 3.4 餐饮科技化

新时代下餐饮企业的最后一个大趋势就是餐饮业变得更加科技化,当传统行业与新科技、新理念相结合,将会碰撞出不一样的火花。之前,我们所介绍的关于餐饮的平台化以及餐饮软件的升级方面的内容,其实也是餐饮业越来越科技化的体现。

2018年年底,餐饮行业中最受关注的事有两件,一个是海底捞投资1亿多元打造的智慧餐厅,一个是美团外卖发布的无人送餐车。

<u>所谓智慧餐厅,从等位、点餐、配菜、调制锅底和送菜,都融入了一系列"黑科技"并高度实现了"无人化"。</u>首先我们看到在等位环节,海底捞的智慧餐厅的体验是完全不一样的,传统的等位环节还是自己跟自己玩,但海底捞让所有人扫一个二维码,在一个大屏幕上一起玩,赢了还有礼品赠送,这就增加了很多社交性和娱乐性,让等位不再漫长。

在点餐环节，原来都是由服务员手写记录客人的点单信息，但海底捞的智慧餐厅让客人用海底捞的 App 扫码点餐，这样做一是解放了服务员的生产力，二是系统就会自动把数据传到后厨，再通过后厨的机器人帮用户配餐，配好餐后就通过传菜机器人把餐送到客人桌上。这个体验就节省了传菜工的成本和配菜工的成本。其实这还不是最厉害的地方，真正的核心体现在当你每次用 App 扫码点菜的时候，系统都记录了你的就餐喜好，帮你建立一个美食档案，你下次再来就餐的时候，系统就可以为你提供精准推荐菜品或者一键点上次菜品这样的服务，节省了点菜的时间。

无人送餐机器人早些年就已经制作出来了,也有一些餐厅在用,但一直没有形成规模,海底捞的送餐机器人改进了很多方面的体验,首先是菜品放置不再是露天的了,原来很多机器人是露天传菜,这就很容易产生食品卫生问题。其次,传统送餐机器人是有轨走动,这次海底捞选择了无轨走动,安装更方便了。最后,也是最重要的一点,火锅行业是送餐机器人最适合的应用场景之一,因为火锅店面积都比较大,能够给机器人一个活动的空间,而且火锅的菜品都是食材,不存在汤水溅、洒的问题。

其中,我觉得最厉害的还是海底捞通过智慧餐厅收集的大数据。

我认为,如果以上这些只是解决效率问题,都不能称之为智慧,真正的智慧解决的应该是计算问题。在不久的将来,我相信随着用户端的 App 和餐厅的云端系统、机器人等各个场景的打通,就能够快速便捷地积累更多的数据,通过数据分析,帮助餐厅实现更精细化的运营管理。

另外一个餐饮科技化应用场景是美团的无人送餐车。我们都知道如今外卖市场发展非常快,而外卖最大的成本是配送成本,如果能降低外卖的配送成本,那将会给用户带来更便宜、更快捷的外卖消费体验。而无人送餐车就是一个最好的解决方案。

2018年7月，美团在北京发布了无人配送平台，该开放平台将集合政府、高校、企业三方力量，推出多款无人配送车。目前已经吸引包括清华大学、加州伯克利大学、北京智能车联产业创新中心、华夏幸福、Segway等近20家国内外合作伙伴加入。他们还将拓展算法软件、IOT、零部件、OEM、实业等领域的合作伙伴，重点加强技术产品化、产品场景落地、产业规模化方面的协同能力。

截至 2018 年年底，美团已经合作推出了新款概念车，采用 L4 级别自动驾驶技术，使用激光雷达、超声波、摄像头等多传感器融合方案，具有城市道路低速自动驾驶的通行能力。此领域的合作伙伴包括优地、Segway 配送机器人、智行者"蜗必达"、Roadstar、AutoX、深兰科技"小蚂哥"。无人配送开放平台已经完成了在北京市朝阳大悦城的 B 端测试运营，以及在深圳联想大厦的 C 端试运营，并在上海松江大学城实现了从 B 端到 C 端的完整闭环运营。在松江大学城内，由无人车配送的美团外卖订单已经超过 1000 单 / 天，印证了美团无人配送开放平台进行片区规模化运营的可行性。

此外，在开放平台的开放能力方面，美团宣布提供丰富场景、技术能力、场景验证（订单交易）、标准规范（智能交互产品规范）、数据支持、应用支持、智能调度等方面支持。

面对无人配送是否能取代骑手的问题，美团无人配送负责人夏华夏表示，未来很长一段时间内，都会使用"人车混送"的方式，无人配送车是对骑手的有效补充，它可以持续工作，比如承担更多夜间配送的工作；而骑手更为灵活，可以处理一些较为复杂的场景。

在 2018 年 3 月 24 日的"中国发展高层论坛 2018 年会"上，王兴透露，无人配送车预计将在 2019 年实现片区规模化运营。如果美团无人配送车的计划实现，意味着它会成为行业内最先普及的无人配送服务，不只是在外卖行业，也是在整个物流行业。同时，美团无人配送车的思路，也值得无人配送玩家们参考。

不过，目前公布了明确的规模化应用时间表的只有美团外卖。相对于一般物流而言，外卖配送有其场景独特性，进而更适合无人配送，外卖配送的产品体积重量都比较标准化，更容易被外卖配送车接纳，然而普通快递却存在大小不一的问题，一个快递哥的电动三轮车上的东西五花八门，送到后还需要人工分拣，这一步机器还做不到。而且，外卖行业也比其他物流行业更需要无人配送：

第一，外卖配送需要"即时性"。要送得快，一般不能超过1个小时，且不论天晴下雨——甚至恶劣天气更需要外卖。目前行业人工配送已实现分钟级物流。实现这个目标，靠的是两点，一个是大规模的外卖骑士团队（自营和众包），一个是人工智能、大数据调度等技术的应用。

假如无人配送车得以普及，就可以更有效地确保即时性，机器能够克服雨雪等恶劣天气，除了充电及日常维护保养外也不需要休息，同时大规模量产后成本降低，也能够大幅降低物流成本，这也是美团做无人车配送的初心，其口号是"送啥都快"，应用无人配送车，可以缩短配送时长，同时降低成本，美团外卖占据外卖市场60%的份额，只要能够降低成本或者提高效率的一个百分点，对于整体系统的效益提升都十分可观。

第二，外卖配送更需要"安全性"。与一般物流的安全要求不同，外卖配送需要的是食品安全和品质保障。用人配送，总有用户不放心，如果用无人车配送，结合保温、保险装置，再通过智能锁和全程监控技术，就可以确保食物整个过程的保鲜，也避免除了制作方外的人接触，更加让人放心。

第三，外卖配送目前依赖电动车团队，这导致了一些行业问题。外卖给人们的生活带来了很大的便捷，不过目前外卖集中应用电动摩托车做物流配送，也存在一些行业问题，比如影响正常交通，个别送外卖的人员不遵守交通规则出现事故等。假如应用无人配送车，可以直接从技术层面限定其按照指定路线和道路行走并遵守交通规则。目前，美团无人配送车还没有公布在开放道路上的技术方案和测试视频，不过从长期来看，既然乘用无人车都可以上路，外卖配送车上路将是必然，就算不上开放道路，也可以先从慢速通过人行道做起。

美团无人配送车的时间表中，2018年要做的是特定园区和部分开放道路的运行，2019年会走向开放道路，最终产品全面实现规模化生产还要等到2022年。无人配送车如果要走出园区等封闭环境，是一个很大的挑战，这意味着它会应用与自动驾驶汽车一样的技术。不过，几乎不用怀疑的是，正在出行领域紧锣密鼓布局的美团会入局自动驾驶业务。完全可以假设，现在它做无人配送车在一定程度上是给无人驾驶汽车打基础，也可以认为，未来美团做无人驾驶汽车，是为无人配送车走向公共道路创造条件。

中国在人工智能上已经与美国处于同一起跑线，不论是人才、技术、数据、场景还是政策，都能与美国相匹敌。而无人技术是人工智能技术的集大成者，正因如此，无人车、无人机、无人超市的探索，中国都领先美国或者至少处于同等水平。在无人配送方面，结合中国发达的电商和外卖市场，中国玩家可以走得更远一些，特别是外卖市场，中国已远远领先世界，无人配送也更可能先在外卖市场普及，吃到"头啖汤"的可能会是市场老大美团，最终受益的却是整个外卖和物流行业。

# 第4章
# 用户消费习惯的变化

## 4.1 年轻化:"85后""90后"成为消费主力军

对于餐饮业来说,发生变化的不仅是国家的经济与政策,还有随着时间的推移,曾经稚嫩的"90后""95后"已经登上了历史的舞台。截至2017年年底,中国"80后""90后""00后"的总人口达到5.5亿,正式成为拉动消费的主力军,成为所有商家眼中的香饽饽。相关数据显示,"80后""90后"人群在整个餐饮用户的比例已经达到了70%,20~39岁的消费者更是贡献了84.4%的餐饮消费比例。在麦肯锡发布的《2017年中国消费者调查报告》中更是指出了"中国'90后'正在成为消费新引擎"。在未来的15年里,他们将贡献中国总消费增长的20%以上。

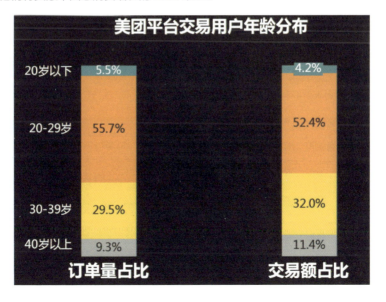

与"60后""70后"不同,大部分"85后""90后"的家庭相对富足,这样的成长环境必然导致他们拥有不同的消费标准与消费理念。对于饮食,

他们追求的早已经不仅是吃饱吃好，而是要吃得健康、吃得开心。并且，在这些消费的主力军中，女性消费者的数量更是占据了绝对的优势。如果说"女人心，海底针"，那么现在绝大多数领域的商家，最大的愿望就是能够在茫茫的大海之中，找到契合自己店铺的那一枚定海神针了。

不同时代、不同背景下的消费者，当然也会有不同的消费理念和不同的价值观。身为互联网原住民，喜欢新事物的他们在选择倾向上，每一天都有可能发生变化。传统的色香味只是基础要求，他们更在意商家能否给他们带来惊喜和良好的体验感，他们把吃喝从满足口腹之欲升级到了对人生态度的表达。新兴的消费者更加追求、性价比最优、价格亲民的产品，比如人均每餐消费80元以内的亲民型餐厅占比约为93%。与此同时，也倾向于品质更高端的产品，人均每餐消费200元的产品订单量同比增长了38%。

他们更喜欢尝鲜，愿意探索未知食域，喜欢"拔草"。尤其是网红餐厅在2018年数量暴增，网红餐饮店搜索浏览量同比增长404%。用户对于"拔草"尝鲜更有需求度，以"网红、拔草、喜提、打卡"等关键词为评论的数量相比2017同比增长了171%。而"有就餐气氛的餐厅"标准浏览量同比增长600%，"轻奢侈餐饮"搜索量年同比增长431%。

随着人们对健康养生的认知水平的提高，健康养生促使了饮食的选择更加细分。"养生美食"搜索量同比增长345%，其中"轻食沙拉"等关键词的搜索量同比增长187%，"纯天然无公害食品"搜索量增长104%，更为夸张的是，"高蛋白饮食"搜索量同比增长1486%。

用户更喜欢有仪式感的消费。仪式在 2018 年更为凸显，用吃来纪念人生的重要时刻：比如"宝宝宴"搜索量同比增长 612%，"结婚纪念日"搜索量同比增长 578%，"生日 Party"搜索量同比增长 363%。用吃来陪伴挚爱，用饮食回归家庭时刻，"亲子餐"搜索量同比增长 270%，家庭聚餐同比增长 285%。

此外，消费在单人就餐和多人社交上都有明显的增幅，场景更为突出：如"一人食"关键词搜索量同比增长 196%，"单人台式小火锅"关键词同比增长 72%，"别墅轰趴"关键词搜索量同比增长 114%，"社交餐厅、娱乐餐厅"关键词搜索量增长 579%，边吃边玩、餐饮服务延展了更多的社交场景。

早在 2009 年，经典游戏"愤怒的小鸟"就已风靡全球，占据了无数人的休闲时间。由于游戏的成功，众多"愤怒的小鸟"的形象深入人心。此后，"愤怒的小鸟"拍了电影，同样收获颇丰。它们的下一个目标，竟然定在了餐饮行业。

Angry Birds Juice&Tea 是第一家用"愤怒的小鸟"作为主题的饮品店。在这个饮品店中，"愤怒的小鸟"游戏中的每一个经典形象都有属于自己的专属饮品，让对游戏的狂热粉丝们尖叫不已。除此之外，当然也少不了各种周边产品，毛绒玩具、手机壳、餐具等，无一不是推陈出新，创意感十足。

Angry Birds Juice&Tea 的成功，在于它迎合了时下年轻人甚至是小孩子的需求，在提供饮品的同时，更为消费者提供了娱乐性和参与感。不仅满足了消费者的口腹之欲，更为他们提供了一个休闲、娱乐的全新空间。基于生理和心理的双重服务，Angry Birds Juice&Tea 很快便在竞争激烈的餐饮红海中杀出一条血路。

餐饮行业整体收入与日俱增，无数新的店家、创业者纷纷涌入，消费者的消费能力与选择方向日新月异，餐饮业的变革已经迫在眉睫。既然是变革，市场必然面临着重新洗牌。在这次事关餐饮商家生死存亡的大洗牌中，不仅商家手中的牌要"打乱重抓"，甚至连整个游戏的规则都会发生改变。曾经那些自认为手中握着"四个二"和"王炸"的高端饭店，在重新洗牌之后甚至可能会被"一对三"击败；曾经握着"清一色""十三幺"的豪华酒楼，也有可能会被"平胡"赶下牌桌。

这群年轻的消费者不仅更加追求食物的新意，也更加重视食物的健康，他们对于口味的选择发生了明显的变化。2017 年的美团餐饮报告显示，我国以甜鲜味型为主的餐厅数量已超过了麻辣味型为主的餐厅数量，这说明甜鲜口感的受欢迎程度已经小胜麻辣这一记忆度最高的口感了，人们的消费口味正在从刺激型转向甜鲜型。2018 年，甜鲜味型的餐厅已经比麻辣味型的餐厅多了 94 万家。

这个数据无疑表明：中国人重油、重盐、重辣的口味偏好明显降低，以中和健康为特征的甜鲜口感偏好大大增加。如今，消费者对于健康的诉求在不断提升，健康的食材被越来越多的餐厅视为卖点和宣传口号。

其实，这样的趋势并不难推测，相反这正是我国餐饮业升级必须经历的一个阶段。因为人们物质生活越来越富足，生活水平不断提高，在解决了最基本的生存问题后，人们自然就会将健康作为头等大事。尼尔森发布的《全球健康饮食报告》显示： 44% 的中国消费者认为自己的体重已经超标；49% 的人目前正在努力控制体重；75% 的受访者通过改变饮食控制体重，这一比例高于全球平均水平（64%）。82% 的受访者愿意花更多的钱来购买不含有不良成分的食物，这一比例同样高于全球平均水平（68%）。

这样的数据和趋势，也体现了我国餐饮市场正迎来一次全新的升级迭代。

## 4.2 懒：永远存在的需求

如果说消费细分品类是餐饮业一次战略上的递进的话，那么，近年来外卖和美食榜单的盛行就可被称为餐饮商家在战术上的一次延伸了。如今几乎在中国所有的城市中，人们都能够看到随处可见的"外卖小哥"在各个街道上穿梭的身影。

2017年，中国线上外卖市场的规模已经超过了3000亿元，从2013年-2023年中国外卖O2O行业规模及增速表可以看出。从2013年到2017年，连续四年外卖市场规模的增速都在100%以上。在2017年之前，还有很多餐饮商家持观望态度，并不急于开展这一业务，但很快他们发现，如果自己不开展外卖的业务，就无形中丢失了很多客人。

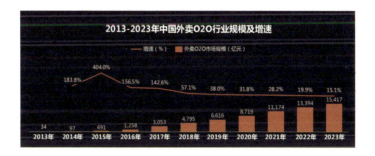

毕竟，懒是永远存在的需求。

除了习惯外卖点餐的人数持续上升以外，消费者平均每单的消费额也在不断攀升。以美团外卖为例：2015年，美团外卖的平均消费单价为24元/单，而到了2017年这个数字已经上升为42元/单。同时，2017年中国线上餐饮外卖用户的规模已经超过了3亿人，并且这个数字还在持续上升。说句玩笑话，这个数字足以让很多厨具厂家伤心不已。但与此同时，这一点也足以让人们骄傲，因为在很多时候，懒不仅是一种习惯，更是一种能力、一种资格。

在我看来，并不是只有外卖才能满足消费者对于懒的追求，但外卖却是最契合当下年轻人满足懒需求的一种用餐方式。如今的时间成本越来越高，外出就餐已经是非常耽误时间的事了。同时我发现,随着智能手机功能的丰富,其实人与人面对面交流的次数越来越少,一个手机可以解决很多事情。甚至,现在的年轻人不愿意与人过多地面对面交流,而更愿意一个人独处。从社会发展的角度来说,一个人的独处能力将越来越重要,这也让外卖成为生活的一部分。

外卖的另一个好处就在于为消费者选择提供多样性。如果是传统的饮食途径,自己动手则需要付出时间成本,如果材料不足还要付出更多的时间和精力去采购。而外出去店铺用餐,同样受到时间、距离以及理想的餐厅是否有座位等因素的限制。但这些问题都被外卖轻松解决了,只要是在商家可配送的范围内,无论是"川鲁粤苏"菜系,还是"浙闽湘徽"菜系,任何菜系都会在消费者事先确定的时间内送达。

近年来,我们也看到烘焙、蛋糕、茶饮、咖啡等休闲业态的快速发展,让年轻用户从"一日三餐""吃饱"等饮食习惯慢慢变成了"下午茶""饭后甜点""午间咖啡"等新的饮食习惯,但由于他们无法抽出这么多时间下厨或者外出购买食材,这时外卖就成为满足自己需求的最佳方式。

其实除了外卖能看出人的懒需求以外,大众点评近两年推出的榜单产品也从侧面反映了人懒的本性。

大众点评必吃榜是由美团点评推出的我国第一个通过海量用户评价大数据而生成的美食榜单,包括必吃店、必吃菜等系列榜单。在这个榜单中,没有专家点评、权威推荐,而是将这个权力交给了每一个消费者,遵循"好吃的真理掌握在多数人嘴里"的宗旨,以全部取自用户在点评上的评价数据为依据,生成更客观、更真实的美食榜单。通过这个榜单,消费者可以更快速地找到一个城市中人气最旺的餐厅以及这个城市中人气最旺的一道菜。

我们发现所有上榜后的必吃榜餐厅生意都会有明显的上升,而且上升的幅度是超过我们之前所预期的。

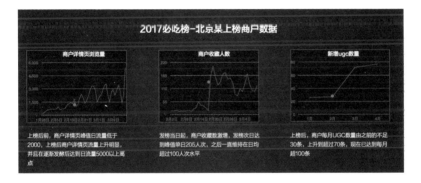

在2018年,必吃榜浏览曝光量同比增长681%,必吃榜用户使用人数同比增长377%,必吃榜中的一个餐厅平均收藏数同比增长275%。城市用户热度增幅TOP3分别是:佛山增长1210%,青岛增长1017%,三亚增长786%。

我一直在想,为什么上榜后的商家生意会有如此大的变化呢?后来我明白了,上榜的商家给了用户另外一个消费理由。我们都知道请客吃饭或者朋友来访,最担心的就是选不好餐厅或者点不好菜,担心钱花了却没办好事。以前没有榜单的时候要看攻略,现在不用了,点开榜单看,跟着榜单吃,就像必吃榜的广告语"跟着吃就对了"。这背后实际是解决了人性的问题,解决了选餐厅和点菜的压力。只要和朋友说,"我们去必吃榜商家吃",像是顿时解决了选择上的心理压力，如果去了必吃榜的商家后感觉并不好吃，那也不是我的错，是大众点评没选好的问题。这其实既解决了懒的需求，又解决了选择上的压力。

而大众点评从 2018 年开始颁发了另一个榜单，即黑珍珠榜单。黑珍珠榜单区别于必吃榜的是，其全是经过匿名评委投票选举出来的高端餐厅，对标米其林餐厅选拔标准，这些评委都出自美食家和知名餐饮人士。同样，上榜黑珍珠榜单的餐厅，其客流都有一定的提升，原因也很简单，和刚才的分析是一个逻辑，既然请客吃饭那就得考虑面子，选什么餐厅就是这个面子的表现，比如今天朋友说请你吃黑珍珠餐厅，你会感觉非常期待，因为黑珍珠的公信力会为你们的就餐选择减少担心。

## 4.3　空间感：空间是用户去餐厅消费的另一个理由

空间是现代都市人越来越需要的东西。如今朋友聚会越来越不愿意选择在家里，一方面准备食材很麻烦，另一方面对前来就餐的人来说会产生一些压力。

自从星巴克提出了第三空间概念以后，近几年随着生活、工作节奏的加快，人们对于除了家和办公室以外的第三空间的需求感越来越明显。

其实，看看中国和发达国家的商品房户型的变化就看出空间在人们消费中的变化。在 20 世纪 80 年代，中国的房子是卧室大、客厅小，进入 21 世纪后，房子慢慢变成了卧室小、客厅大、厨房大，如今随着外卖的发展，我们从实际空间的利用率来看，厨房和客厅都是利用率越来越少的地方了，我们如今在客厅、厨房的时间都非常少,每天下班很晚到家,偶尔会客如果不是特别亲近的人,通常都选在星巴克或其他第三空间了。前一段时间,我和绿城房地产集团的人聊天得知,绿城现在在小区里重点打造第三空间,这个地方可以接收外卖小哥的餐盒,可以让大家一起来吃外卖,他们还免费提供饮料,就是为业主提供第三空间进行社交。这种现象其实在中国香港地区特别普遍,香港很多高级白领阶层通常只能买一个50、60平方米的房间,类似酒店式公寓,也就是解决下睡觉问题和其他基本需求的问题,这就必然催生出了对第三空间的极大需求。国外都有哪些第三空间呢?比如日本的居酒屋是满足了人们下班后找个地方畅快聊天的第三空间,欧洲的咖啡馆是满足人们找个地方放松一下的第三空间。

这几年,我们看到以喜茶、奈雪为代表的新茶饮重金打造的茶饮空间也为用户提供了除产品之外的新消费理由。

茶饮最初是以路边摊冲泡的方式来销售,门店很小,用户都是拿着它一边走一边喝。而近年来,房租成本越来越高,主流经营思路都是缩小门店面积,

通过技术手段来提高坪效,但喜茶却逆势而为,不仅不缩小门店面积,反而重金打造门店的设计感、时尚感,它刚在成都开办的黑金实验室,处处体现出酷炫的感觉。

喜茶管理层很聪明,因为他们不是从自我角度出发去考虑问题,如缩小面积、减少成本,而是从用户需求角度出发考虑问题,给用户最好的、最酷的体验,给用户足够的理由拍照将这种惬意的状态分享到微信朋友圈。

奶茶再好喝用户也会喝腻,产品容易被代替,但空间不会被代替,而且空间待得越久越有亲切感,这就给你提供了另外一个喝喜茶的理由。就像星巴克一样,去星巴克的人有多少是为了喝咖啡呢?似乎更多的是为了和朋友谈事、聊天、发呆、玩游戏……正如有个段子说的——"你去星巴克没带电脑,没有手机,只是喝一杯咖啡,别人会以为你得了神经病"。回忆一下,我们之前是不是经常看到在肯德基、麦当劳里有一些人在谈业务?这就是用户对空间的需求,随着社会压力的增加和生活节奏的加快,这个需求只会越来越强烈。

## 4.4 体验感:对体验的关注是消费升级的另一个表现

用户体验本身是互联网词语,互联网产品要想留住用户,必须为用户提供极致的体验,用户体验中具有代表性的产品应该算是微信了。

为什么互联网产品很极致地追求用户体验呢?因为用户使用互联网产品时更换成本很低,低到甚至一秒钟,就会失去一个用户,这就倒逼着互联网产品经理要有极致的用户体验思维。而我认为互联网思维的本质就是用户体验思维，一切从用户角度考虑问题。

2013年左右，所有人都谈电子商务，那个时候大家都认为线上购物是非常好的消费体验，省去了中间环节，可以便宜买好货。小米一创立就定位只在线上销售手机，不开实体店，也因此被贴上了高性价比的标签。但事实上这却是他们最大的战略失误，雷军后来也承认小米的线下实体店开晚了。

为什么说不开线下店呢？一旦开线下店，成本就增加了，同样销售电子数码产品，但这是标准化程度很高的产品，成本增加并不是好事情，为什么还说必须要开线下店呢？因为当下用户对消费过程中的体验要求高了。你没开店，另一个品牌开了店，用户在逛街的时候可能就被这个品牌吸引过去了，然后通过现场感受，以及服务员的介绍，可能就转化成了这个品牌的用户，而你无形中就丢失了一个客户。这背后的消费逻辑就是当可选择的产品越来越多的时候，随着用户越来越具有消费能力，用户今天购买一款产品的理由就有更多维度了，就不只是价格的这一单一维度。<u>用户需要有视觉的冲击，需要有人与人情感的连接，这会带来温度，带来信任感。</u>

用户越来越反感不好的体验，也越来越愿意为好的体验付费。从互联网广告的衰退和视频网站付费用户的增加就可以看出。早期用户在看视频网站的时候经常会被广告打断，就像在电视上看电视剧的时候，经常会被插播的广告影响观看时的心情。这种模式后来就被视频网站直接搬用，但很明显这样的用户体验很差。

农夫山泉当年在视频网站上首创了一个在广告上有关闭按钮的设置,这让用户不用再被强制观看广告,虽然可以动手关掉广告,降低了广告的播放时长,但却给农夫山泉的品牌美誉度带来了很大的提升。后来视频网站开通会员功能,对交了会员费的用户开放可以关闭广告的权限,这样一来虽然视频网站的广告收入下降,却提升了会员费收入。通过广告收入模式的变化就能直观地感受到用户在慢慢发生改变,对用户体验关注越多创造的价值也就越多。

从餐饮这个行业来看,过去餐厅的厨房从来都不会让客人看到,也不敢让客人看到。

但我们现在去喜家德吃水饺的时候就有了不一样的体验。喜家德水饺坚持手工现包,并且在你眼前现包,你能看到馅儿是什么样的,面皮是什么样的,包饺子的人是什么样的,师傅们包完饺子都要称一下,这种现场感和真实感不就是我们吃饺子时需要的那种体验么?在传统文化中,吃饺子不就是现包才好吃么?如果你看不到这个现包的场景,你又怎么知道这个饺子是不是从冷冻冰箱拿出来的呢?而如果你有这样的疑惑,那么再好吃的饺子你也会觉得味道差一些。但当你看到所有加工场景就如你亲身体验一样,那个饺子你还会觉得不好吃吗?

关于这个观点的思考,在我有一次和喜家德的总经理高建峰碰面的时候得到了他的赞同。他说:"现在你看到政府有'明厨亮灶'工程了,但喜家德决定要把厨房搬到前厅的时候还没有这个工程,也不知道什么叫'明厨亮灶',反正就是觉得既然吃饺子,就要让客人看到饺子馅儿是由什么做的,看到饺子是不是现包的,十多年前做这个决定的时候还是非常大胆的,现在来看这是个非常成功的决定。"

如果你到西贝莜面村就餐也会有同样的体验,现在走进这家餐厅的时候,第一眼看到的就是他们的透明厨房,在一个大大的玻璃窗里有几个师傅在做莜面,用户的注意力一下就被吸引过去了,各式各样的菜品在橱窗内展示着它们完成之前的工序,这个加工间就变成了一道风景线,所以我们看到在很多商场里,西贝莜面村这个大橱窗的人流都是最大的。

日本的丸龟制面,如今也开到中国了,那是另外一种体验,就像展览室陈列,用户所见即所得。这种体验最早是在星巴克出现,用户在排队的时候可以看到加工环节,并且想吃什么就拿什么,最后统一结账。这样的好处对用户来说是真实的。同时食物摆在眼前，配上合理色温的灯光，能够大大地刺激用户的食欲。这对餐厅来说，即提高了效率，又提高了客单价。

这两年在西安有一个叫做永兴坊的地方火起来了，而火的最重要的原因就是人们在那里可以喝摔碗酒。我当时听他们总经理说很多人坐飞机到西安就是为了摔一个碗后感到很惊讶，但惊讶之余，我想明白了，摔碗酒这个体验既体现了传统文化的兄弟豪情，也为人们提供了一种释放压力的方式。

提起永兴坊，可能很多人第一时间还无法在脑海中勾勒出它的样貌，但如果提起摔碗酒，相信很多人会一拍脑门说道："原来是它啊，我知道。"永兴坊，曾经是唐朝宰相魏征的邸府旧址，在西安城中山门内北侧的顺城巷中。因为有这样的背景，所以永兴坊的占地达到了 15 亩，有大量的建筑群，不仅展现出了我国古代建筑的风采，展现了古城身后的文化底蕴，还让如今的人们有了一个非常好的旅游休闲场所。

如今的永兴坊,主要以售卖小吃为主,汇集了各种各样陕西的特色美食,如安康的蒸面、陕西凉皮、潼关肉夹馍、彬州御面、粉汤羊血、炒魔芋、岐山臊子面、油泼冷串等,其美食数量,足以让每一个"吃货"都"站着进来,扶着墙出去"。而其中最被大家所熟知的,自然是在抖音等短视频软件中大红大紫的摔碗酒。

5元钱一碗酒,装在一个像极了在古装剧中侠客们喝酒的陶瓷碗中。当然,这还不是摔碗酒能够如此火爆的因素。摔碗酒的精髓之处在于消费者在喝完碗酒后,要将碗直接摔碎。其实,这种喝酒方式是陕西南部岚皋县一种接待客人的仪式,先把装着酒的碗举过头顶,心中默默许下心愿,然后将酒一饮而尽,再将碗狠狠摔在地上,清脆的摔碗声能够使你的愿望实现。

"摔碗酒,摔掉烦恼;摔碗酒,摔出福气!喝摔碗酒,财神跟你走;喝摔碗酒,年年好运头。"摔碗酒成为"网红"后,很多游客特意前来体验。

# 第5章
# 新餐饮时代，做五有餐厅

新餐饮时代，到底"新"在哪里，其商业逻辑的思考如何体现在一个餐厅呢？从一个餐厅的角度来讲，我称之为"五有餐厅"，从事餐饮工作的朋友们可以来对标这"五个要素"，看看你的餐厅是否具备。当然这"五有"跳出了餐厅基本的要素，也就是跳出了餐厅的出品环节，即菜品环节（每家店的菜品各具特色，不在本书讨论范畴之内）。

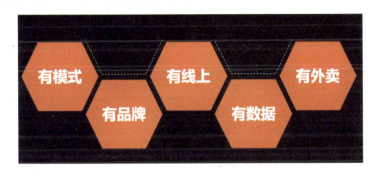

## 5.1 有模式：开店之前先写商业计划书

模式这个词，频繁用在互联网行业。因为互联网行业都想拿到风险投资，那么，如何才能拿到风险投资呢？首先，你得有一份商业计划书，一份完整的商业计划书就得讲明白你的盈利模式是什么？包括你的客户群是谁？你解决了什么问题？创造了什么价值？客户愿意付多少费用？是否愿意长期付费？你的竞争对手是谁？和竞争对手相比你的优劣势是什么？你的核心竞争力是什么？你的竞争壁垒是什么？这一系列的问题后来被人们俗称为"30秒原理"，意思就是当投资人问你这些问题的时候，你得用乘个电梯的时间，也就是30秒左右的时间把这些问题回答清楚。如果在规定时间内没有回答出这些问题，那么很有可能你将得不到投资。

让我们再回到餐饮行业来看，传统工业经济时代做一个餐厅，门槛不高，一般餐厅老板就是厨师，自己擅长做什么菜，就卖什么菜。餐厅开好之后就开门等客，谈不上模式。但在今天，我们看到一是消费需求在不断细分，二是消费场景也在不断细分，在这样的背景下，我们开一家店，目标客户群是谁？想解决什么问题？核心竞争力是什么？盈利模式是什么？这些问题首先都要想清楚，不要糊里糊涂开了店后发现要么品类没选对，要么客户群不对，要么位置选错了……

## 1. 有定位

定位理论是美国知名营销学家杰克·特劳特提出的，本质上就是以客户需求为中心而不是以自我产品为中心，在客户心目中画个等号、占个位置，例如在消费品行业，由于同质化竞争严重，想要让用户选择你，就要让用户把某个产品和某个功能画个等号，比如"加多宝＝不上火的凉茶""去头屑＝海飞丝""创可贴＝邦迪"。随着餐饮行业的快速发展，其竞争的激烈程度已不亚于快消品行业。

那么，如何找到自己的用户，解决他们的需求，走出差异化，从竞争中脱颖而出呢？定位理论在餐饮行业的应用也越来越广泛了，比如"蒸菜＝有营养＝真功夫""西贝＝莜面""毛肚火锅＝巴奴"等，都是餐饮企业对定位理论的应用。

之所以要定位，就是因为市场在细分，消费需求在细分。凯恩斯理论认为，需求是一切经济活动的基础，所以首先要找到用户的需求是什么。有解决温饱的需求，有解决健康的需求，有解决宴请的需求，有解决聚会的需求，有解决放松的需求，有解决仪式感的需求。

那么，火锅解决的是什么需求呢？我认为，它本质上解决的是相熟之人之间的社交需求。吃火锅吃的是放松、是聊天、是聚会。如果你明白了这种需求，你的店就不适合设置 4 人以下的座位，环境就不适合太暗、太压抑，桌与桌之间的距离尽量不要窄。

烧烤解决的是什么需求呢？我认为它本质上解决的是密友之间闲聊解闷的需求。很像日本居酒屋的模式，下班后约上两三个密友喝杯酒再回家，这样的需求本质上就是要享受轻松的氛围，烧烤店要让用户来到这个店后感到非常舒服、非常放松，而且店家设置的客单价不能太贵，甚至如果是一个人来喝酒，还要免费给他一份花生米之类的，不要让客人感觉到压力。

最近几年特别火的串串签火锅解决的是什么需求？我认为它解决的是"90

后""00后"心目中的熟人关系社交以及简单聚会的需求。因为串串签火锅只要是几角钱一串,它的单价低、选择品类多,结账按数量数,没有点菜的麻烦和压力。类似麻辣烫,选一大堆食材,自己涮,重味道,吃得爽,这样的消费体验既便宜又放松。

茶饮解决的是什么需求呢?要说动辄30元一杯的茶饮,客单价着实不低,它是解决客户解渴的需求吗?比如人们去买喜茶要排一个小时队,就是为了解渴吗?

我认为这本质上解决的是消遣的需求,既然是消遣,尤其是和朋友一起消遣的时候,你手里的消遣工具就得有档次。

最近在重走复兴之路的俏江南解决的是什么需求？它主要解决的是宴请的需求，请朋友、请客户、请家人等，宴请的需求是一种仪式感的需求，本质上是面子的需求。比如我们今天去俏江南，从进门那一刻开始，领班就会叫出你的名字，走到用你的名字命名的包厢。之后走进房间，你第一眼看到的是餐桌上用你公司的LOGO做的沙画，还放了一个带有你照片的相框，照片下面还用你的名字做了一首藏头诗，每上一道菜，服务员都会给你介绍这道菜的故事……这里的每一个环节都会让请客的人有面子，让被请的人更有面子。被请的人如果是你的客户，双方谈得高兴，合同可能就直接签了……

近年来，咖啡市场保持高速发展态势，据国际咖啡组织统计数据显示，中国

咖啡消费正在以每年15%的增速发展，远高于全球2%的平均水平。随着行业迅猛发展，中国人对咖啡品类的认知提升，越来越多的人养成了喝咖啡的习惯。到店消费是咖啡消费的主流方式之一，星巴克、Costa、太平洋等传统连锁咖啡品牌均采用开设大门店的方式吸引用户堂食、外带。以星巴克提出的"第三空间"为典型，其赋予了咖啡社交属性，咖啡店成为朋友见面、商业会谈的场所。

如果说星巴克培育了中国一部分人喝咖啡的习惯，那我认为瑞幸咖啡则是大大普及了中国人的咖啡意识。相对星巴克提出的"第三空间"理念，瑞幸提出了"无限场景"的理念，就是无论消费者是在办公室、学校，还是任意一片空间中，瑞幸咖啡都能够随时送达。看到星巴克的用户必须要到店内消费且客单价在30元以上，瑞幸咖啡就走了另外一个模式，即用户不用到店消费，且客单价定位在30元以下，这样一来，整个用户群的范围就扩大了，用户不用到店也可喝咖啡，消费成本大大降低了。再加上瑞幸咖啡利用明星代言、投放广告等方式大力推广，还用特别显眼的蓝色作为咖啡杯的主色调，这些都会让年轻用户觉得瑞幸咖啡也是个时尚品牌，不喝一杯"小蓝杯"都觉得自己过时了，这就给用户提供了无法拒绝喝一杯瑞幸咖啡的理由。同时瑞幸咖啡又采用了社交裂变的方式传播，快速地吸引了一批用户。而他们在选择明星的时候并没有选择现在很火的"小鲜肉"，我认为其原因是瑞幸咖啡并不想让这个品牌只属于"90后""00后"，也希望能和"80后""75后"这一批人产生关联，而这批人已经是"中产阶级"的代表了，形成了自己的审美观，关注品牌背后的文化和腔调，从中，就可以看出瑞幸的野心。

## 2. 有场景

场景就是需求。

场景这个词较多用在互联网行业，互联网产品经理在设计一个产品时，解决的需求是在什么样的场景下使用的。同时要放到线下来看，用户是否存在这样的需求、这样的痛点、这样的场景。比如，微信这款产品，最早有个功能叫对讲机，而使用对讲机的群体通常会是自驾游的人或者警察。早期微信开发了这个功能后却发现，警察是不会用手机中的对讲机功能的，而自驾游的群体毕竟还是小众，再加上那时候 4G 还不普及，流量费用比较贵，这个功能慢慢地就被停用了。

阿里巴巴早期的 B2B 网站，它的线下场景就是"广交会"，"广交会"就是把买家和卖家聚到一起，沟通产品，建立联系。阿里巴巴将其模式移植到互联网上就有了 B2B 这个平台。

餐饮行业也是一样，我们将这几年有名的品牌与场景对标一下，会有新的发现。用现在的话说，就是这些品牌都把原有的场景升级了。

比如杭州的胖哥俩肉蟹堡这个品牌。

煲这个产品在浙江省嘉兴市下的小县城是当地老百姓很爱吃的一道菜,而且做这款产品的店都属于小型店,虽然这些店铺没有对潮流的追随,没有绚丽的装修,也没有借助营销手段,但前来就餐的食客络绎不绝。那就说明产品是很有生命力、很接地气的。因此,可以选择把这款产品搬到大城市,面向年轻人,再赋予其全新的体验,而且它是单品,容易被标准化,餐厅可以快速出品,产品各方面都具备了做全国扩张的条件。这也造就了今天的胖哥俩肉蟹煲不到三年开了近 300 家且每家面积都不低于 400 平方米的店。

前段时间，有个朋友和我说准备开家足球主题的餐厅，因为他喜欢踢足球，自然而然就会想到开个足球主题的餐厅，让爱踢球的朋友可以经常聚聚。我向他提出了一些问题，如先想想中国有没有做得好的足球主题的餐厅？有没有做得好的运动主题的餐厅？有没有做得好的其他主题的餐厅？有没有经营比较持久的主题餐厅？当然，这两午受到追捧胡桃里是个例外，我认为它本质上是个文化经纪公司，有着大量的娱乐圈资源，有大量的艺人可以来演出。可是，如果换作是经营足球主题餐厅，你能经常把足球明星请来么？

其实逻辑很简单，所有主题餐厅的经营都不能持续很久，因为表面上的主题是不能成为长期消费的理由的，能长期维系用户的那根纽带一定是表面上看不到的，心目中的那个感觉才是可以长久的。

比如去吃火锅，享受的是和朋友热闹聚会的感觉；去酒吧，享受的是歇斯底里放松的感觉。而去足球主题的餐厅，第一次是出于好奇，第二次呢？第三次呢？能不能把一帮有共同爱好的人聚起来不是看这帮人表面的标签，而是他们内心的需要。这是每一个店都要考虑清楚的问题。

随着这几年的城市发展，MALL越来越多，社区越来越大，写字楼越来越高，房租也越来越贵。针对这些不同的物理空间，我把餐厅的经营场所也做了细分：商场店、路边店、CBD店、社区店、园区店、外卖店。每一种店的客户群、消费水平、人流都不一样。为此，我做了个表格来方便读者对比（见表5-1）。

从表5-1就可以看出，不同位置的餐厅，面向不同的客户群，满足不同的需求，经营不同的时间段，这些都要有不同的经营方式。

看似简单的餐饮，在十年前，都被认为是一个挺"low"的行业，也被认为是门槛最低的行业。但如今，却吸引了大量的跨界年轻人进入，我称其为"新餐饮人"。他们可能没有进行过商业方面的思考，甚至有些人今天觉得小龙虾卖得火就开个小龙虾店，明天觉得火锅受欢迎再开个火锅店，这其实都是犯了大忌的。因为今天餐饮的本质是供大于求，竞争越来越激烈，门槛越来越高，用户的需求越来越多样化，用户的期望值也越来越高，这个时候我们哪怕是开一个小面馆，开这前都要按照互联网的思维去写一份完整的商业计划书，这样就会避免掉坑里。表 5-1　餐厅经营场所细分表

| 场所 | 商场店 | 路边店 | CBD 店 | 社区店 | 园区店 | 外卖店 |
| --- | --- | --- | --- | --- | --- | --- |
| 用户群 | 商场周边 5 公里居民 | 不固定 | 周边上班族 | 本社区居民 | 园区上班族 | 3 公里附近的上班族 |
| 用户需求 | 家庭聚餐，情侣聚餐，朋友聚餐 | 温饱需求 | 工作餐 | 日常温饱，代替做饭 | 工作餐 | 工作餐 |
| 消费能力 | 100 元左右 / 人 | 30 元左右 / 人 | 50 元左右 / 人 | 30 元左右 / 人 | 30 元左右 / 人 | 25 元左右 / 人 |
| 消费频次 | 一周一次 | 不确定 | 一周五次 | 一周十次 | 一周五次 | 一周五次 |
| 餐厅特征 | 一周主要做周末两天生意 | 一周 7 天生意 | 一周只做 7.5 个小时生意 | 可以做 24 小时 *7 的生意 | 一周只做 1.5 个小时生意 | 可以做 24 小时的生意 |

有次我在兰州演讲，讲到这个观点后，就有朋友来找我说："白老师，如果早点听到你这节课，我就能节省 200 万元。他就是我说的典型的跨界的人，原来是做房地产商铺招商的，看到小龙虾挺火，因为有些商铺资源，就和几个朋友合伙开个小龙虾店，结果前后赔了 200 万元。失败的原因就是由于开之前没有设计好商业模式，没想清楚出这个店的盈利模式是什么，比如小龙虾从江苏盱眙或湖北潜江运过去的运费，以及存活率是多少，还有兰州市场的消费能力如何，另外，西北天冷得早，一年下来餐厅只能做两个月生意，其他十个月经营什么品类？这些都没有想好，不亏才怪。

我认为，餐饮行业的门槛越来越高，不再是以前只要找到会炒菜的人就可以开个饭店的年代了。餐饮行业如今是一个对综合能力要求极高的行业，比如你得有消费者洞察的能力、基本的审美能力、对互联网的认知和应用能力、食材的把握能力、精细化的数据运营能力……人们都认为互联网行业门槛高，而我认为做餐饮行业和做互联网行业一样，都要有完整的商业思维，开店之前先看看能不能写出一份完整的商业计划书，问问自己能否回答清楚以下问题（见表 5-2）。

表 5-2 开店商业计划书要点

| | |
|---|---|
| 定位 | 解决什么需求 |
| | 这个需求下最在乎哪些体验 |
| | 这个需求下客户愿意付的费用是多少 |
| | 这个需求的市场前景有多大 |
| | 客户向朋友介绍的理由用一句话来说是什么 |
| | 用一句话总结这个店的广告语是什么 |
| 竞品分析 | 这个品类附近三公里和整个城市的竞品情况分析 |
| | 与它们相比的优势是什么 |
| | 核心竞争力是什么 |
| | 是否有分析它们的所有评价 |
| | 我们的劣势是什么 |
| 经营模式 | 直营/加盟/联营 |
| | 店的面积多大 |
| | 有多少个 SKU |
| | 流量菜品是什么、利润菜品是什么、多久迭代一次 |
| | 盈利模式是什么，翻台率、客单价、酒水、菜品如何规划 |
| 团队 | 团队股份结构是否合理 |
| | 团队组合是否互补 |
| | 团队优势 |
| | 团队劣势 |
| | 创始团队的稳定性 |
| | 是否建立创始团队的分享机制 |
| | 是否建立核心团队的分享机制 |
| | 是否建立全员团队的分享机制 |

（续）

| | |
|---|---|
| 会算账 | 食材、人工、房租各占比例是否合理 |
| | 每天盈亏平衡线是多少 |
| | 堂食做到多少，外卖做到多少 |
| | 如何做好每天采购的准确性 |
| 营销 | 餐厅的故事有没有讲出来 |
| | 是否准备好按照开业的不同阶段做不同的营销活动 |
| | 如何做好评价管理 |
| | 是否推出专门做外卖的产品 |

## 5.2 有品牌：再小的个体也可以有自己的品牌

说到有品牌，有人会说这不是正确的废话吗？哪个做生意的人不希望有自己的品牌呢？生意做好了自然就有品牌了啊。你说得没错，但我所说的不是这个逻辑，我所指的不是传统意义上的那种大家都耳熟能详的品牌，做到这种程度太难了，除非你有大量的资本支持，而即使有资本支持，也不代表就能活得长久。

我的思考是，我们从做一家小店开始，如何建立品牌。就像微信朋友圈中的那句话：再小的个体也要有自己的品牌。

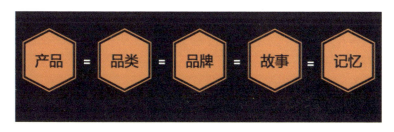

产品 = 品类 = 品牌 = 故事 = 记忆

## 1. 有品类

在竞争如此激烈的餐饮环境中，新开一家店，如何让用户选择你，最重要的就是降低用户的选择成本。

什么是降低用户的选择成本呢？我们经常都会遇到这样的场景，路过一家陌生的理发店的时候，不太敢进去。因为这个店的装修环境不错并且门口站着漂亮的迎宾员，你不知道在这家店理发要多少钱而理发店一般也不会把消费价格挂出来，再加上这些年经常有媒体报道理发店"宰客"的新闻，你内心非常犹豫，而你又不好意思直接问理发的价格，所以经常就会想还是去选一个看上去不会那么贵的店吧。

这背后其实反映了用户选择成本的问题。如何降低用户的选择成本，比如让用户看一眼就大概知道门店的服务项目是什么？客单价多少？那么，用户可能会马上判断是否符合他的心理预期，而不会像现在这样犹豫不决。

曾经我听过日本物语集团负责人的分享：（日本物语集团有 70 年的发展历史，在日本拥有 461 家门店，包括烤肉、拉面、大阪烧、传统日料四个品类）"一个新品牌进入一个新市场，门店装修一定要让顾客简单直接地看到，你是卖什么的，怎么卖的。进入你的门店后，能一眼看明白菜单上是什么，人均消费是多少，我吃不吃得起，要让目标顾客感觉这个店很舒服，很适合自己。"

从行业来看，2017 年可以说是餐饮分化加速、单品爆款频出的一年。餐饮品类方面最显著的特征是餐饮单品爆发式增长,一道菜让一家餐厅火爆成为餐饮品类赛道上的新常态。其实单品店并不是说一家餐厅就只有一道菜,而是指餐厅以某类食材制作的菜品或者某一款菜品为主打,只搭配少量配菜、甜品或饮品的餐饮店。比如做榴莲比萨的乐凯撒,做毛肚火锅的巴奴火锅,做牛蛙火锅的蛙来哒,还有郑州知名餐饮品牌阿五美食,它前几年改名为阿五黄河大鲤鱼。这背后的逻辑就是让"品牌=品类",在用户心目中占领一个品类的位置,而不是占领一个店名的位置,用户心里是不会无缘无故记住一个店名的。

### 2015年7月28日,阿五正式更名"阿五黄河大鲤鱼

从供应端来看,单品餐饮有去厨师化、高利润、快速复制的优势。产品单一,意味着备料、操作简单,更易标准化;具备规范化、零售化基因,意味着其更容易规模化占领市场。在追求效率的当下,单品餐饮店迎来了一个快速发展的时代。

从消费端来看,单品消费的目的性强、决策成本低、易于记忆、体验好、点菜的压力小,这使其更容易在用户心目中占领位置。在2017年的报告中就有数据显示,面对"大而全"和"小而精"的餐厅,63.3%的消费者会倾向于选择"专门店"餐厅就餐。

从阿五美食到阿五黄河大鲤鱼最大的区别就是让用户知道这家店是卖什么的。阿五美食，是卖什么的？不知道。再往以前回顾，以前经常有河北饭店、重庆饭店之类的名字，看到这些名字，你都不知道吃什么。一个好的店名或广告语就得像钉子一样扎在用户心目中，让用户想到吃鱼或者吃鲤鱼就去阿五。

也许很多人目前还没有听说过"阿五黄河大鲤鱼"这个品牌，但是应该有很多人，尤其是河南的朋友听说过"阿五美食"的名头。一个十余年打造出来的金字招牌，一个价值已经上亿元的餐饮品牌，为何在它的巅峰时刻改头换面呢？这是一个让很多人都想不通的问题，而所有改变，其实都是因为阿五黄河大鲤鱼创始人樊胜武最初的梦想。

樊胜武说："很多人创业是奔着挣钱去的，但我不是。我创办阿五的时候，已经是五星级饭店的行政总厨、年薪六位数、有车有房了。为什么要辞职创办阿五美食呢？就是因为很多人对河南菜、河南厨师有偏见。"所有精彩的故事中都少不了一个关键的转折，而让樊胜武放弃安稳生活决定自立门户的转折，是发生在2003年的一件事。这件事情发生在国际饭店一次对外国客人的宴请中，明明是河南厨师做的料理，但是到了接受客人的感谢时，饭店领导却没有让河南厨师出面，因为这个领导认为"河南的厨师上不了台面"。这件事情让樊胜武下定决心，要做一个成功的豫菜馆，为豫菜正名，就这样"阿五美食"诞生了。

阿五美食在开业之初，生意十分惨淡，但樊胜武并没有退缩，因为他坚信，好吃的菜自己会说话，只要自己用心做出优质的产品，总会留住越来越多的消费者。在樊胜武的坚持下，阿五美食的客人渐渐多了起来。慢慢地，阿五美食在当地打响了招牌,并且开始迅速向外扩张。意气风发的阿五美食不仅走出了河南,甚至开到了美国、法国等国家。

但就在阿五美食春风得意之时,樊胜武却突然做了一个令所有人错愕的决定,改名!一个消费者熟悉的名字,一个大家已经信赖的品牌,这对于任何领域企业的重要性都不言而喻。当时,所有人都认为樊胜武疯了。但是只有樊胜武自己知道,如今的消费越来越细分,如果一个品牌不能让人第一眼就知道你是做什么的,那么就证明这个品牌的定位有问题。所以,樊胜武将阿五美食改名为阿五黄河大鲤鱼,就是希望用这道菜让大家记住河南,让所有人提到河南就想到豫菜,提到豫菜就想到黄河大鲤鱼。就这样,阿五美食在一夕之间变成了如今的阿五黄河大鲤鱼。

在改名之初,餐厅的生意确实受到了很大的冲击,为了渡过难关,樊胜武不得不卖房止损。但金钱上的损失同样没有动摇樊胜武的决定,在那段难熬的

日子,阿五黄河大鲤鱼咬紧牙关、低下头,将所有的精力都放在了打磨菜品上。

就这样,阿五黄河大鲤鱼在完成了与消费者再一次的磨合后,终于卷土重来,餐厅外又排起了长长的队。经过统计表明,在改名两年后,餐厅的客流量虽然同比下降了15%,但是利润却同比增加了19%。这些数据足以证明餐厅改名的成功,新的名字让餐厅的定位更加精准了。

阿五黄河大鲤鱼的再次崛起不仅证明了品牌的力量,同时也给许多餐饮企业上了生动的一课。不过这种成功却并不是所有人都能复制的,就像樊胜武说的那样:"鸡变凤凰华丽光鲜,谁看了都会喜欢,但是蜕变之前脱下一身毛的痛苦,却很少有人能体会到。"

如果说,我国餐饮业如今的趋势是越来越走向单品化,越来越细分的话,那么在这个浪潮中,巴奴牛肚火锅无疑是将其做到了极致。火锅在我国的餐饮史上可谓历史悠久,在从前提起火锅,人们的印象都是牛、羊、鱼、鸡等肉类,以及各式各样的蔬菜,几乎所有你想吃的东西都可以放入火锅中涮一涮。这种"海纳百川"的火锅固然可以满足各种吃货的需求,但是对于餐饮企业来说,却让自己很难做出差异性,让消费者记住自己并且锁定自己。

海底捞靠服务打响了品牌,那么自己的屠龙宝刀应该是什么呢?巴奴毛肚火锅的创始人杜中兵思考着。因为这样的思考,巴奴毛肚火锅诞生了,杜中兵选择将火锅细分,打造专属于自己的产品,做出自己的特色。

毛肚一直都是火锅中最受欢迎的菜品之一,专注于毛肚,固然可以俘获一大批喜爱毛肚的消费者。但是大家不禁会想,如果你的餐厅火了之后,别人来学习怎么办呢?巴奴毛肚火锅与其他餐厅之间的壁垒是什么?保护自己的护城河该怎样建立呢?面对这些问题,杜中兵的答案很简单,那就是将产品做到极致。

匠心是所有人都很钦佩的一种态度、一种精神。但是随着人心越来越浮躁,具有这种精神的人越来越少。在火锅领域中,有一个一直被人们诟病,但是一直没有人做出改变的问题。那就是使用火碱发制食品,或者用福尔马林浸泡食品进行保质。其实还有一种问题是使用老油,这样做可以节约成本,而且老油做出来的味道确实比新油好吃,所以这个现象一直存在。但是杜中兵坚持,自己的毛肚不能利用火碱发制,自己的火锅店更不能用老油。所以巴奴毛肚采用了当时西南大学教授李洪军新研制出的"木瓜蛋白酶嫩化"技术,并且也因此在行业中掀起了一股绿色风暴。

在巴奴企业内部，杜中兵还有"变态采购员"之称，就是因为他不找到最新鲜的材料誓不罢休，不允许自己的产品在质量上有一丁点的问题。因为杜中兵明白，餐饮行业永远是产品与服务两个轱辘并行的，如果没有好的产品，服务再好也没用，反之亦然。不过，当巴奴毛肚火锅团队的所有成员都具有杜中兵这样的匠人精神时，他们对消费者的服务之心自然也不会差。而这时，巴奴毛肚火锅这辆战车就可以一往无前，成为火锅领域中再也无人可以撼动的巨头。截至 2018 年，巴奴毛肚火锅在全国已经拥有了 42 家直营店，4000 余名员工，这个品牌也被越来越多的人熟知。

乐凯撒比萨，榴莲比萨的创造者，在用户心目中扎了一个榴莲比萨的钉子，而不是上来扎一个比萨的钉子，因为比萨这个钉子在用户心目中已经存在。

乐凯撒的创始人陈宁，出生于宁夏。在 2001 年，陈宁考进了电子科技大学的计算机数学专业，毕业后顺利在深圳进入了通信行业。后来离开 IT 业后，陈宁莫名其妙地进入餐饮行业，并当上了一家餐饮企业的总经理。不过这时逐渐积累了一些经验和人脉的陈宁，已经不愿意再为他人打工。就这样，陈宁思索再三终于离开了这个岗位，开始打造自己的餐厅。

进入餐饮行业可能是一场意外，但是选择做比萨确实是陈宁深思熟虑的结果。作为一个IT人士，通过数据进行分析已经成为本能。通过对中外各时代餐饮的分析，他得出的结论是：当人均GDP达到1000美元时，汉堡的时代来临了，而当人均GDP到达4000美元时，人们的消费再一次升级，比萨就会走入更多人的生活，这就是陈宁寻找到的中国餐饮的商机。

既然确定了道路，下一步自然是打造产品。在研究产品上，陈宁仿佛患上了强迫症，一次次地研究、考察，不断开发新的比萨，比如土豆比萨、麻辣比萨等菜品，但都没有收到他想要的效果。直到一次不经意的尝试，他的榴莲比萨备受好评，至此乐凯撒的招牌也终于确定下来。

在乐凯撒菜品被同行模仿时，陈宁也并没有慌张，在他的IT思维中，手机在发展了十几年后，乔布斯打破了手机键盘设计的魔咒。但是比萨却不同，对于餐饮行业来说，更多的是需要一个微创新的过程，厨师不需要发明一道菜，不需要创造一类食品，只需要调整食材的搭配，就能够创造出新的菜品、新的食材加工方式，食客也许还不知道有这样的吃法。所以，乐凯撒并不怕被模仿，因为它一直都走在创新的路上。

而面对如今在比萨这个领域中一家独大的必胜客，陈宁也表现出了强大的信心。陈宁认为，如今必胜客开始扩张多元化产品的策略给了自己机会，因为这会让必胜客失去消费者心中比萨专家的印象。乐凯撒只要坚定走自己的路，努力做出自己的品牌、自己的风格就足够了。截至 2018 年，乐凯撒比萨的直营门店已经超过了 120 家，遍布上海、广州、深圳等各大城市，并且要在两年之内将这个数字再翻上一番。

乐凯撒的成功靠的就是单品类模式，单单靠着一个榴莲比萨就打响了自己的品牌。当然乐凯撒也有其他美味的比萨，但是对于消费者来说，提起乐凯撒第一时间想到的就是它的特色产品榴莲比萨，这就是单品类模式的成功典范。

蛙来哒的创始人是一对叫罗浩、罗清的兄妹，罗浩在很小的时候就有了做餐饮的想法，而妹妹一开始并没有对餐饮行业产生兴趣，而是创办了一家安防监控公司，但是这家公司始终业绩平平，时间久了妹妹决定放弃。这时候哥哥罗浩出现了，在他的劝说下兄妹二人开起了饭店，妹妹出资金，哥哥负责在一线经营。由于做餐饮一直都是罗浩的梦想，他私下做了很多功课，所以虽然没有经验但却丝毫不显生涩，这一家湘菜馆也迅速火了起来。

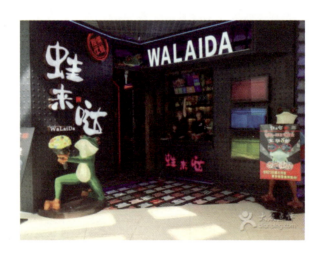

初出茅庐便取得成功，这大大增加了兄妹二人的信心，也坚定了他们走单品化的路线。在尝试了多种单品，比如烤鱼、蛙、鱼火锅等菜品后，最终确定了"蛙来哒"的方向。确定了方向后，接下来兄妹二人就只需要在牛蛙领域进行深耕就可以了。随后蛙来哒接连推出了多种口味的牛蛙产品，并且新增了平锅、泡锅等方式，得到了众多消费者的喜爱。截至2017年，蛙来哒连锁品牌已经在全国30多个城市开了50家以上的门店。

蛙来哒的成功并不是罗浩、罗清兄妹二人开启了牛蛙市场，而是他们发现了牛蛙市场的商机。从食材消费量来看，在2016年仅上海市场平均每天消耗的牛蛙就达到了135吨，比2015年足足多了一倍，牛蛙消费呈现直线上升趋势。所以从2017年下半年开始，市场上入局牛蛙品类的餐饮企业越来越多，而蛙来哒的成功也有一部分原因是因其二人占据了先机。

需求的细分，除了经济的发展外，还源自于消费群体的改变。现在我国餐饮的中坚力量已经渐渐从"70后"向"80后""90后"转换。"90后"成长在中国经济高速发展的时期，家庭收入不断提升，社会物质极大丰富，完全没有所谓"贫乏"的概念，他们对钱、对消费的看法和上一代人完全不同。

其次，现在的餐饮形态确实太多元、太丰富，年轻人可选择的空间极大。麦当劳、肯德基刚进中国的时候，无论从产品质量还是环境氛围，比大多数中国的餐厅都高出许多，对那时的年轻人来说是十分新奇、洋气的，不少人约会、谈恋爱都会选择在麦当劳和肯德基。而随着这批年轻人长大成为消费中坚力量时，追求美好餐饮环境的诉求也随之提升。

## 2. 有颜值

餐饮业消费升级的直接表现就是审美升级。

餐饮业属于服务业,既然是服务业就要想消费者所想,想尽一切办法满足消费者的需求。如今的消费者们对于餐饮的认知,早已不仅为了果腹,更是为了休闲、为了放松,那么谁能够尽可能地满足消费者的这一需求,谁自然就能获取消费者的青睐。

如今"80后""90后"已经逐渐成为消费主流,他们和传统客群不一样,相比菜品的口味、食材、工艺,更关注"颜值",环境的颜值、摆盘的颜值,甚至是服务员的颜值。据美团的数据显示,所有撰写带图评论的人群中,"80后"占比80.53%。"80后"在乎颜值的人群占总评论人群的65.12%。伴随而来的现象是,我们这几年明显地看到很多传统小店都改头换面,重新设计了VI,整体环境都提升了,变得明亮了、时尚了,这样一来就让消费者有兴趣进去逛逛了。

颜值为什么这么重要呢?因为颜值能让人愉悦,颜值能产生信任感。杜邦理论说,64%的人是因为外观包装吸引人而产生购买欲望的。当你对一个品牌、一个店不了解的时候,会因为颜值漂亮而对其产生一定的信任。

我们现在也看到医疗美容行业的生意非常好，中国医美行业迎来了快速的发展。当然这背后也有直播平台衍生出的商业需求，然而更多的是由于中国人的审美观在升级。我认为国人审美观的升级很大程度上归功于苹果手机的诞生。在没有苹果手机之前，也没有人觉得国内那些传统功能机丑，但苹果手机的面世，让手机用户明白，原来一款产品可以设计得这么漂亮。小米这家公司借鉴了苹果的设计逻辑，在国内把很多生活家电产品按照便宜、好用、颜值高的标准重新做了一遍，所以我们现在看到小米手机、小米充电宝、小米路由器、小米热水壶、小米机器人等产品，都觉得造型很时尚。

同时，我们也看到为什么这几年轻奢产品发展很快，很多传统服装奢侈品大牌都推出了一些轻奢品牌。现在你如果再穿一件带有大大 LOGO 的名牌衣服，已经不能用时髦来形容，甚至有人会说你有点"土"。

我们也看到这几年网红餐厅如雨后春笋般不断出现，这种店由于装修环境好看，摆盘好看，甚至服务员好看，吸引了很多年轻人过去"拔草"，在餐厅里拍个照，分享到微信朋友圈。我采访过大众点评中的一些资深达人，我说"你们心目中的网红餐厅是什么样的呢？"他们说："就是得能拍照，而如果你要拍照发到微信朋友圈就不能拍得很难看，要尽显其能地把照片拍得好看，我分享到微信朋友圈后，得到很多点赞或留言，存在感就被满足了。"现在，甚至很多姑娘去国外要做的第一件事，就是去某个网红拍照的地方，在同一个地点，同一个位置，拍出同一个姿势的照片。由于达人在微信朋友圈、大众点评、小红书的传播，又大大地提升了这些网红店的知名度。

所以，我们也看到中国餐厅这几年的空间装修水平极速提升。前一段时间，我在云南昆明云海肴的一个店里看到一张图，不仔细看，你压根分辨不出来那是用气钻手工凿出来的一幅梅林雪山的图。董事长赵晗说，这是一个年轻的艺术家用气钻纯手工打造的，花了很多的心思。我当时发微信朋友圈开玩笑说，现在没点艺术气质都不好意思做餐饮了。

喜茶为什么花大价钱，对自家 LOGO、字体、杯子、门店，以及整个空间进行了重新设计，而且不同的店还有不同的设计风格。

在这么漂亮的空间里，拿着一杯漂亮的奶茶，你难道不会第一时间拍个照发往微信朋友圈分享吗？

宴遇是一家在近几年迅速蹿红的餐厅，不过这一场宴遇指的并不是情感上的相逢，而是和消费者舌尖上的一次碰撞。宴遇是厦门知名的创意料理品牌，以装修、排盘精致、菜品新奇而被人们喜欢，更是在 2018 年登上了厦门必吃榜单。

宴遇的第一家店，其创始人傅乙晟就投入了 1000 多万元，足以看出这家店装修之精美，配备之完善。一进门就有服务人员进行引导，这无疑会让消费者觉得自己身份尊贵。足足 2000 多平方米，500 个餐位的排场也足以让消费者眼前一亮,但这样的惊喜却仅仅是个开始。

在菜品上,宴遇运用了大量的分子技术,中西餐元素的奇妙融合,加上精美的摆盘,让无数消费者食指大动。一张张自发传到微信朋友圈的美图,更是让这家餐厅一夜爆红,想要在这家餐厅吃上一顿饭,往往排队就要花费三四个小时。可想而知,如果能够在这样的餐厅摆上一桌宴请宾客,将会多么有面子。如今,宴遇已经在多个城市开设了分店。

审美这个词,往小了说说是品位的提高,往大了说不就是文化自信吗?

## 3. 有故事

品牌的本质是故事的传播,营销的本质是把故事放大。能让人产生永久记忆的是故事,而不是文字。从古到今,流传的嫦娥奔月、白蛇传、山海经等都是故事。我个人对丰田的好感就来自于听说了一个关于丰田员工在大雨中帮一个陌生的丰田客户修车的故事。为什么这几年我们都会被泰国的广告片吸引,因为泰国的广告片都是通过故事来传递企业精神或者展示某个产品,很少看到那种一开始就介绍产品的广告。而但凡那种自说自话、自我宣传的广告,往往都很难被人记住。

讲故事能力将会成为今后商业竞争中非常重要的能力。因为有故事才能产生记忆感。任何一款产品,除了功能本身,能够产生消费动机的还有这个产品之外的东西。比如我提到星巴克,你就会感觉那是一种放松的生活状态。如果只是为了喝咖啡,你会去星巴克吗?即使今天星巴克说它的咖啡豆是全世界最地道的咖啡豆,你会相信吗?

我们提到海底捞第一反应就是它们的服务好,好到"变态"。2012 年,经常会从微博上传出一些关于海底捞的"段子",比如客人说西瓜真好吃,在客人结账的时候,服务员就拿了一个完整的西瓜送到客人面前;比如客人说羊肉很好吃,客人结账后,服务员牵了只羊走到客人面前……这些故事通过微博加速传播起来,产生了神奇的关联度。但其实海底捞官方从来不说自己是"卖"服务的,它们的产品品质一样很出众,由自己的中央厨房统一出品,但用户记住的不是它们的产品品质,而是这些服务的故事。

我们知道《舌尖上的中国》第三季被很多人"吐槽"了,但为什么第一季反响那么好呢?我之前听过第一季的执行导演任长箴的分享,她在做第一季的时候,其实本质不是在讲食材,而是透过食材讲人的故事。所以我们会看到第一季里出现了很多为了弄到好食材的人的故事。我记得有一个画面展现了湖北挖藕人的艰辛,那些挖藕的人在深深的泥塘里,大半个人都会陷进去,他们一点一点地挖,而且全部用手挖,因为不能把藕挖断了。辛苦了一天只能挖几十斤,但那些挖藕人晚上吃的却是很简单的几个炒素菜,我很怀疑这能不能补充他们白天消耗的体力,这样的画面看完之后你不会再怀疑那个藕不好吃了。任长箴导演当时还说,一个朋友看了这个画面后告诉她,以前他会把稍微黄了点的藕都扔掉,但在这之后就再也不会扔了,因为他会想到那些挖藕人的辛苦。

这就是第一季好看的原因,因为它本质是在讲人的故事,而人的故事更容易引起观众的共鸣。

你在西贝吃饭,会看到西贝店里的电视上一直在播放西贝的人寻找沙棘食材的故事。西贝曾花4年时间在西北的山野乡村寻找令自己满意的沙棘食材,生长环境、颜色、糖度、酸度、浓度、成熟度都是其考察标准。最终在吕梁山他们找到了理想沙棘。由北向南纵贯全境的吕梁山,冬寒夏暑,四季分明。西贝还对生产严格把控,比如采摘必须精细,只剪细枝,不剪枝干;沙棘要在全低温环境下加工,脱粒、筛选、风选、分选、清洗、沥干、速冻、封存,一个环节都不能少。通过电视上的画面，每一个观看的客人都自然而然地被带入了那个场景，能够体会到西贝的匠心精神，能够知道西贝的每一道菜的食材来源都不会差，慢慢地把沙棘汁和西贝画上了等号。而事实上，沙棘汁现在的确已经成为西贝的符号了。

同样两个一模一样的杯子，如果说其中一个是某个明星用的，你自然会认为那个杯子很贵，而另一个你就会认为可能是山寨的，这就是故事的力量。因为人们喜欢依附美好的、伟大的、强大的、永恒的事物，故事为事物赋予了灵魂和生命。这也是品牌代言人的作用。

我们做餐饮，即使是一个小店，我们也要用讲故事的方式把能讲的点总结出来，比如店的名字、老板的背景、店里挂的一幅画或者菜的名字、食材的来源、厨师、老板的价值观等,都可以讲故事。

我每次去北京宴吃饭的时候,必点荔枝味的小番茄这道凉菜。因为我第一次吃到荔枝味的小番茄时就很好奇,后来当我知道这个菜的背后隐藏着一个爱情故事的时候,就产生了深刻的记忆,并且每次吃的时候脑海中都会出现一个温馨的爱情画面。据说他们还把这道菜编成了话剧,是不是想想都很甜蜜呢。

北京宴还有一道菜是用老豆腐做的,这个老豆腐是取自宁波市下的一个县,食材每天都会被餐厅从宁波空运到北京。这道菜结合了南方和北方豆腐的做法,每次吃的时候都能浮现当地老农磨豆腐的画面,因此,我也对这道菜和老农,甚至对这个品牌产生了无比的尊重。

付小姐在成都,这几年特别火,看这名字就有一种年轻时尚的感觉。而这个名字背后是有故事的。创始团队是"85后""90后"兄妹三个人,她们的妈妈姓付,当年开了个餐厅叫付大姐川菜,也算是一种传承。但更重要的是,这家店坚持的是在这里你能吃到地道的川菜小吃,比如龙抄手。同时为了让用户感觉地道,他们所有的服务员,坚持只用重庆人,这样用户一进门,就能听到浓浓的乡音,再吃上一口地地道道的川菜小吃,对那些四川"吃货"来说,亲切感油然而生。相比其他川菜餐厅,因为坚持地道的味道,所以他们只开直营店,也只能开直营店,因为这样才能保证出品的品质,这些要素快速地吸引了对味蕾讲究的四川"吃货",慢慢地也就影响了他们身边的人。曾经浙江就有一个做餐饮的网红老板娘特地问我是否认识付小姐在成都的老板,我问她什么事,她说,她想去这家餐厅吃一顿,但因为餐厅天天排队,想找我走个"后门"。

而同样是这个团队操盘的另一个品牌——电台巷火锅,最近几年也特别的火。

在上海虹口体育场附近的一个店，据说每天排队要排1个小时以上。电台巷火锅火的节奏，是先吸引了成都当地的吃货，逐步扩散，继而影响了非成都人。我第一次听到电台巷这个名字的时候就特别好奇，怎么会起这个名字。后来我和他们的创始人沟通了解到，在成都有一条路，叫小龙坎电台巷，如今这条路名诞生了两个火锅品牌，一个叫小龙坎，一个叫电台巷。而更有意思的是，这两个老板都是师从一个师傅。成都的餐饮素来有师徒传承之说，有门派，拜师有仪式，做事有规矩。我想正是由于有这样的传统文化，才能造就川菜在中国餐饮界占有极其重要的地位。电台巷这个名字有故事，再加上用绿白的"老香港"色调和怀旧体的店名，一下子就把人带入了20世纪80年代，这恰恰又契合现代年轻人喜欢的怀旧感，给了他们一个拍照的理由。再加上餐厅由于坚持手工炒料、制作小份菜，让人觉得既好吃又实惠。

## 5.3 有线上：有线上的目的是收集更多、更全的数据

我们已经生活在一个在线的时代。在线的本质是任何行为都可以通过手机完成，在线的结果是任何行为都产生了数据。互联网已经成为基础设施，数据将成为非常重要的生产资料。

PC 端上，QQ 是有隐身、离线、在线等状态显示功能的。因为人们在电脑上用 QQ 就会存在离开电脑、把电脑关掉或者明明在但不想被打扰等情况。但微信是没有隐身、离线功能的。移动端 QQ 也曾想学微信，去掉隐身和离线等状态显示功能，但用户不买账，后来又改了回来。因为微信和 QQ 是不同时代的产品，微信是基于移动产品手机而开发的，手机则是我们 24 小时离不开的产品，所以微信就不再需要隐身和离线的功能了。可以说，今天我们已经生活在一个在线的时代了。

这种体验，我称之为行为在线，即用户在线上的行为和线下的行为是完全一体的。而要打造这样的体验，前提是用户手机的系统和线下的系统是完全打通的，是一体化的。比如猫眼电影 App 必须和影院的系统完全打通。航旅纵横的 App 必须和航空公司的系统完气打通。

对于餐饮行业，如果我们只能在手机上看到餐厅的电话、地址的话，我们还有很多动作不能完成，比如点菜、预定、开发票等。如果我们现在在手机上可以看到餐厅的所有信息，包括菜单、价格、桌台、排队情况、排队时长等，那我们就可以实现一个很重要的体验，即提前点、到店吃，把不确定的等待变为确定的不等待。

现在有一个典型的现象，就是写字楼附近餐厅的生意越来越难做，做生意就靠中午，早上、晚上、周末、节假日都没什么生意，一年下来只做了不到400个小时的生意。但写字楼附近餐厅的优势是人流是固定的、消费能力是固定的。如何把中午这1.5个小时的生意最大化就是个痛点，由于附近的上班族都是中午同一时间去吃饭，餐厅一瞬间接待量饱和，点菜、出品、上菜、买单、开发票都只能在那短短的时间内完成，厨房忙得手忙脚乱，用户体验也不好。针对餐厅这样的场景，我们可以让用户提前点好菜、付好款、开好发票，并告诉餐厅几点到达，餐厅接到这个订单后就可以提前并单准备出品。客人一到，菜品就可以上桌。这样就节省了排队、点菜、出品、买单、开发票等所有环节的时间，如果做得再精细一点，餐厅还可以随时和用户沟通出品情况，甚至合理引导用户到店时间，保证每一桌到店就吃，吃完就走，这就合理地分流了接待压力，并且餐厅原本只能翻一台，现在可能可以翻两台了。其实，再从长远来看，就可以实现像航空公司一样，票价是按照下单时间、上座率来自动调节的。而餐厅如果都能提前接受订单，那就意味着可以更确定地掌控采购的量，降低食材的损耗。

其实，回家吃饭最温馨的感觉，一回家妈妈或爱人已经把饭菜端上桌了，这种温暖有爱的感觉是最美的。

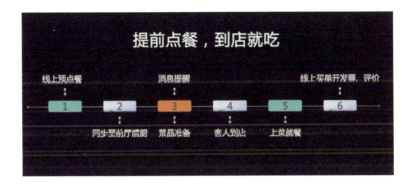

而从用户角度来说，还可以每天提前把菜点好，甚至可以提前把一个礼拜的菜都点好，同事之间共同点菜，既提升了消费体验，又降低了就餐成本，更重要的是增加了同事之间的友谊。

如果要想实现这样的场景，就需要餐厅的管理系统和美团大众点评这种平台 App 完美融合、完全一体化，用户在手机上也可以适时看到门店的状况，线上可以实现线下动作，节省了排队、点餐、等菜、买单、开发票的时间，这就大大地提升了消费体验，也提升了餐厅的经营效率。

对于传统餐厅来说，线上线下工作是分离的，线上动作只是在美团点评上做个广告、点个外卖业务；线下动作只是前厅、后厨管理，这两块数据是没有融合在一起的，我们都知道数据越融合、数据量越大就越有价值。

而美团点评这几年投入了大量资源研发的美团收银软件、美团收单小白盒，以及全渠道会员项目，本质就是把线上线下融到一起，通过美团收银软件，连接了线上，包括团购、外卖、预定、点餐、广告；线下，包括点餐、支付、会员，甚至门店 Wi-Fi、微信公众号等各个场景打通，帮助商家把从各个渠道汇集来的用户，其消费喜好、消费频次做个完整的分析。

## 5.4 有数据：数据是餐饮行业增长的新动能

近年来，随着云计算和移动互联网的发展，让我们越来越接近于生活在一个在线和大数据的时代。我们每天都会在手机上产生各种各样的行为，而这些行为背后都产生了数据，只有了解这些数据，我们才能对很多消费行为进行分析，也才有了对商业判断的依据。现代社会的竞争力主要体现在对数据的分析应用程度。

在传统工业经济时代，对数据化应用比较成熟的是欧美的零售业态。比如沃尔玛、塔吉特超市、7-Eleven、星巴克等。

沃尔玛之所以能将东西卖得这么便宜、有这么强的竞争力，一个最重要的能力就是它通过系统对数据进行采集，再通过对数据的分享降低采购成本以及更匹配地做商品供应。

发生在塔吉特超市最经典的案例莫过于一个爸爸都不知道女儿怀孕的事情，但塔吉特超市知道了。塔吉特公司成立于1902年，是美国仅次于沃尔玛的第二大零售集团，在全美经营着1806家门店。2012年2月16日，《纽约时报》刊登了查尔斯·都希格的一篇文章——"企业如何知晓你的秘密"，其中讲述了一个真实的故事。一位男子怒气冲冲地来到塔吉特位于明尼阿波利斯市的总部，要求面见市场部经理，他把塔吉特投递的促销，展示给这位经理，并责问道："你看看，我的女儿还在上中学，而你们给她投递的广告竟然有纸尿裤、婴儿衣服和婴儿床等减免券，难道你们想让她怀孕吗？"这位市场经理一时不知所措，看了看男子手中的广告。没错，是塔吉特投递的促销广告，地址名字都对，内容正如男子所说。于是，这位经理只好向前来投诉的男子道歉。几天后，戏剧性的一幕出现了：当这位经理向抱怨的男子打电话再次道歉时，电话那一端的男子很尴尬地说："应当道歉的人是我，我的女儿的确是怀孕了。"塔吉特比这位父亲知道自己女儿怀孕足足早了一个月。

问题是塔吉特公司又是怎么知道这个女孩怀孕了的呢？它一定是通过这个女生买过的东西推断出来的。那问题又来了，塔吉特公司怎么知道某个人在一段时间内都买了什么东西？我想应该是通过我们俗称的CRM（客户管理系统）记录了每一个客人所消费的产品以及消费的金额进行分析得知的。这里的数据至少包含了人的数据、商品的数据、消费金额的数据、消费频次的数据，而人的数据又会包括姓名、性别、年龄、家庭地址、工作地址等。

所以，当有了这么多不同维度、不同标签的数据，经过 CRM 系统加工筛选，就会自然而然地分析出不同的客户情况以及消费喜好，并且会判断出你接下来对什么产品感兴趣，然后就会给你寄相应产品的广告信息。当然在工业经济时代，还要靠邮寄的方式来将广告送到客户手上，不像现在，你在淘宝上搜了什么产品后，你接下来看到的都会是这类产品的广告，俗称精准营销。而事实上淘宝现在的产品推荐还不够智能，因为很多时候会出现这样的情况，即使你买过电动洗脚盆后，淘宝还是会天天给你推送洗脚盆的广告。如果它足够智能的话，这个时候应该推送一些按摩仪之类的产品给你，或者推送一些保健品给你，如果你是个年轻人，系统应该会认为这个电动洗脚盆可能是买给长辈用的，然后就不断地推送适合给长辈用的产品给你。

传统行业和互联网行业最大的区别就是数据的收集。这也是互联网行业之所以发展这么快的一个重要原因，因为互联网行业有一个重要的方法论就是快速决策、快速开发、快速迭代。这里每个环节都是通过数据来指导的。而如今快速进入移动互联网时代后，随着越来越多的生产要素、生产场所、生产活动被搬到网上，数据的积累也就更容易。在互联网时代，得数据者得天下，企业有意识地对自身业务数据资源加以积累和利用的工作绝对不是随波逐流，而是决定自身命运和前途的竞争手段。今天的消费者有更多的选择，他/她的选择空间巨大，只要"百度一下"就有很多的选择。而且互联网让他/她更容易地找到他/她所需要的商品，能够更廉价地得到、更个性化地得到。可以说，今天的消费者已经被互联网惯"坏"了。

在互联网面前,产品和服务之间的竞争变得越来越透明,单个产品的利润率越来越低。而与之相反的是,传统企业面对互联网后面庞大的消费者群体,缺乏有效的技术和能力去了解和分析,只好跟着市场热点随波逐流或者依附着那些龙头品牌亦步亦趋,日子只会过得很艰难。经验只能反映过去,但数据既可以用来了解历史和现状,也可以用来预测未来,而今天随着互联网的广泛应用以及时代的快速发展,让人们只停留对过去经验的使用,那只能说是用半条腿走路了。记得爱因斯坦有一个故事,他的助手问爱因斯坦:"你怎么可以给同一个年级两年出同一道考题呢?"爱因斯坦有一个非常经典的回答:"因为答案变了。"

很多人都很好奇,美团这家公司为什么会有这么强大的战斗力能够从"百团大战"中走出来,一边走一边还在不断地开拓新业务,如今已经是集餐饮、旅游、出行、电影、供应链等本地生活服务的大平台了。这是因为美团的管理层有一项非常重要的能力,就是看数据的能力、算账的能力,所有大的决策都依赖于数据的判断和完整的逻辑性。一张密密麻麻的数字报表,王兴往往能一眼看出来哪个数据是有问题的,这个能力让我非常佩服。

"百团大战"后,很多团购公司拿了钱就开始找明星代言,在电视上、电梯口、地铁里拼命打广告,用户基本上每天都被这些广告"轰炸"。但此时美团没有做任何跟进工作,而只做了一件事,就是在导航网站上加个链接。原因很简单,在电视上、电梯口、地铁里打广告又贵又没法衡量效果,你不知道用户是通过看电视还是看到地铁里的广告而来的,这个成本太大了,花了很多钱找明星来代言,实质上只是培养了用户对团购的认知,用户记住了团购这个事情，回去打开电脑搜团购的时候，通过导航链接就自然进入了美团网站，这个成本又低又可衡量。这是一个典型的由数据化思维的方法论产生的决策。

中国的餐饮行业在过去几十年中快速发展得益于人口红利、劳动力成本低、人们的生活水平不断提高，以及政府政策等因素。但随着这几年劳动力成本、房租成本、食材成本的日益增加，以及大量商业综合体的建设和城市化改造的加速，餐饮企业数量明显过剩。在这样高度竞争的时代，如何让一个店赚钱？一切都得靠更数据化、更精细化的运营，通过数据化的经营去提升客户回头率，降低食材的采购损耗。总体来说，我将餐饮的数据化分为三个方面。

1. 行业数据：开店之前先看数据。

以前，我们思考要如何开店、开多大、开什么业态、在哪里开、餐厅主打什么菜、怎么定价等策略基本上都依赖于经验，那个时候竞争没这么激烈，相对来说开店的成功率较高。尽管这样，肯德基、麦当劳在中国每开一家店之前,还是会通过大量的人工调研来判断这个位置是否能开一家店,它们有一套成熟的选址分析方法论,包含了对人流动线、消费能力等方面的分析。我一直认为这套选址方法就算放到今天来看也是非常先进的。而在如此激烈的竞争环境下,在每个倒闭餐厅的平均生命周期只有506天的今天,各项成本只增不减,每天都有大量新店开业,同时用户的需求又在不断细分,一个火锅又分出毛肚火锅、牛蛙火锅、牛肉火锅、鸡火锅……同时用户的选择成本人人降低。

在这样的情况下,开一家新店如何选址、如何选品、如何定价、如何营销等问题都不能再依靠经验决策了。以选址为例,我们都知道"一步差三市",有70%的店因为选址问题而倒闭。虽然人们都说酒香不怕巷子深,但那是因为大家选择不够多,那个年代大家还有些闲暇的时间去一个深深的巷子喝碗酒。但现在,我们的时间越来越值钱,我们越来越在乎确定性的消费,而不是尝试性的选择。

如何最大可能性的降低用户的到店成本,如何找到一个离你的客人最近的地方开个他们需要的店就显得极其重要。

美团点评在这方面投入了大量成本来做一个叫做黄金眼的产品,就是希望可以解决如何通过大数据选址的问题。大数据选址应该有两个基本功能,一个是你要找铺位,比如你输入开店范围、面积、单价等条件后,系统就会自动显示有哪些店铺适合你,大大节省了你的找寻成本。目前,在市面找铺位的常规方法要么是每天在大街上逛着找,要么是通过中介公司找,而美团点评在这方面有天然的优势,我们知道每天新开了多少店,也知道市场上每天关了多少店，那关店的店铺信息就可以第一时间同步到黄金眼上去。这样就可以大大节省找商铺的成本。

黄金眼有另外一个功能，我把它比喻成体检服务，就是通过系统来计算这个位置适合开什么样的店。比如你现在有一个店铺，准备开个火锅餐饮店，那你就可以把这个信息输入到系统里去匹配，系统会告诉你这周边三公里内同业态的火锅店有多少家、人均消费多少、主打什么菜品、好评率差评率是多少、周边火锅店的存活率高低，以及这个铺位在过往三年里开店的存活率是多少等信息，最后系统会得出详细的体检报告，告诉你该不该开这个火锅店，或者适合开哪些其他业态的店，以及存活率如何等信息。你还可以知道，如果你只想开火锅店，附近有哪个位置最合适，然后生成一份详细的数据分析报告。

随着开店创业的成本越来越高，精细化运营成本越来越高，开店之前就更需要有基本的数据分析帮助那些想开店的人的规避一些风险，而选址环节无疑就是最大的风险环节。

我认为第二个功能价值非常大，理论上会大大降低餐厅的关店率。餐厅没有数据支持，开店就很容易跟风，也就容易"死"得快。近年来，市场不断涌现一些单品爆款店，很快的时间内，加盟店就"四处开花"。如果你没有数据思维，看到别人火你也跟着进去，就很容易变成了"接盘侠"。

2. 门店数据：门店营业数据分析的颗粒度越细越能反映精细化的经营水平。

互联网公司都有写日报、周报、月报的工作习惯，其目的就是要把一些行为数据化，而只有能够数据化的行为才是可衡量的，才能明确行为是否有产出。对美团点评也是一样，每周开周会看的都是密密麻麻的数据，而厉害的老板往往是一眼就能看出哪些数据是有问题的。

放到餐厅经营上来看也是一样的道理，假设我们把一个餐厅当成一家公司来看的话，CEO每天要看哪些数据？每周要看哪些数据？每月要看哪些数据？以前，门店没有收银软件的时候，都是靠手工记录，不免带来太多的不便利，甚至很多账都无法算清楚。后来，餐厅有了收银软件，一天下来，收银员会发条短信给老板告诉老板今天的营业额多少，但提供的数据非常粗放，甚至都不知道赚了还是亏了，或者是不知道赚了或是亏了的具体数额是多少，也不能精细化地知道菜品销售情况、每一道菜的利润情况，客流的变化情况，新老客户的变化情况等，这都无法对餐厅的决策起到指导作用。

而随着移动互联网和云计算的发展，基于云架构的收银系统这几年发展很快，云收银的好处就是可以让老板在手机上随时查看门店的各项数据。比如设定一个盈亏平衡线，那今天一天是赚钱还是亏钱，赚多少还是亏多少就一目了然了。

一家餐厅能把账算清楚就是个非常重要的能力。一个餐厅涉及的方方面面比较多，每一道菜品的成本、销量、利润率都不一样，很多餐厅明明生意很好，但就是不赚钱,也不知道钱亏在哪里了。

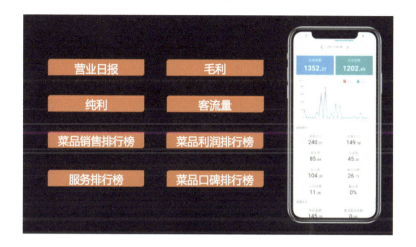

美团收银软件的推出其中一个重要的出发点,就是把互联网公司的经营方法论通过产品服务赋能给到一个具体的餐厅,帮助老板非常精确地了解每日、每周的营业情况。

### 3. 用户数据:懂用户,生意才持久

用户指的是所有用过这个产品的人,比如微信的用户有10亿,这10亿人中,也许有些人只用过一次,就再也不用了,还有一些人继续使用着,我们称其为活跃用户。对于餐饮行业来说,我把传统意义上的会员概念扩大了,以前讲会员多指的是办过实体卡充值过,或留过电话号码的人。而今天我们讲的会员已经不是传统意义上的会员了,而是所有曾经到过店的客人,不管来过

几次,只要来过,就是这个餐厅的客人,用互联网行业的说法就是这个餐厅的用户。如果从一个互联网产品的角度来看,我们需要非常清楚地知道用户的构成,性别、年龄、哪些用户是沉睡用户、哪些用户是活跃用户、活跃用户一周来几次、一个月来几次等这些用户维度的数据,俗称用户画像。从餐饮行业来看,我们是否需要知道我们客人的人物画像呢?哪些是过路客?哪些是常客?哪些是忠诚客?哪些是沉睡客?如果我们能够知道用户的全生命周期,那就意味着我们对门店的客人非常了解了。

其实,这套会员管理的方法论在欧美零售行业非常成熟,就像前文所说,塔吉特超市会比孩子的爸爸更早知道这个孩子早孕,因为超市记录了这个孩子的完整消费行为数据了。所以我们也经常看到 7-Eleven 这样的便利店,收银员在结账的时候,会记录这个客人的性别、年龄等数据。如果从用户的全生命周期管理的角度来看,我给他做了如下的定义,这些定义适合所有的餐厅,只不过不同的餐厅的每一个客人类型的到店频次不一样,结合自身的管理习惯,按照这个方法论是可以清晰地管理自己的用户的 。

会员管理俗称 CRM,国内专做餐饮会员管理系统的公司,基本上是从 2005 年左右开始成立的。为什么会有这种专业的做餐饮会员系统的公司出现呢?有两个背景不得不提,一个是那时处于餐饮爆发期的年代,有很多大型、高端的餐饮公司和一些连锁餐饮公司出现,这些大型、高端餐饮公司的客户群的消费需求主要是请客吃饭,由于每次付现金不方便,所以就会有办理储值卡的需求,动辄充值上万元,既享受打折,又可以送礼。而餐饮公司可以借此机会快速回笼资金,一举两得。所以,如果你那时去餐厅吃过饭,就经常会碰到有服务员鼓励你办卡充值的现象。

另外一个背景是，一些连锁店的品牌让用户充值是为了用户可以在其所有门店进行消费。但那时的收银软件不在云端，不能实现在 A 店充值，在 B 店也能使用。这就产生了对基于云端的、独立于收银系统之外的会员系统的需求。就像银行一样，用户不管在哪个银行都可以取钱，俗称通存通兑。但由于这些会员的信息收集只能通过办卡的途径完成，数据量就不会很大，同时由于这些数据没有和收银系统的数据打通，就只有消费金额、消费频次，没有消费菜品和消费喜好等信息，这样基本上对餐饮老板起不到决策分析的作用，慢慢就成了一个储值的工具。

2015 年，阿里巴巴旗下的 O2O 平台口碑提出了支付即会员的口号，告诉商家原本这个客人买完单就走了，你都不知道他是谁，但如果他用支付宝付款，我们就可以把付款人的消费数据传到会员管理系统里，让他变成了你的一个数据，以后你就可以再做二次营销了。这个口号最大的好处是给了商家使用支付宝收款一个非常好的理由。

数据只有全才有分析的价值，所谓大数据，一是指数据本身的量要大，二是指数据的维度要全。美团点评推出的全渠道会员系统，或者叫全渠道用户系统，它不是传统意义上只收集会员信息的系统，这个系统是帮助餐厅把从各个渠道前来的用户都收集起来，包括看过广告的、买过团购的、点过外卖的、点过菜的、做过预订的、写过评价的、付过款的、连过门店 WIFI 的、关注过门店微信公众号的用户的数据，再结合美团收银软件，就能非常清楚地了解每一个用户到店过几次，消费过多少钱，喜欢吃什么菜等信息。全渠道会员系统，通过收集各个渠道来的消费行为数据，给餐厅老板提供了另一个经营大脑。

美团点评平台 2017 年一整年给餐厅带去了 50 亿人次的客流，其实带去的真实客流量远远不止这 50 亿人次，因为有太多人通过点评找到一家店然后去消费，但目前都还没有把这个记录告诉商家，如果算上这些数据，我估计应该会有近 100 亿人次吧。如果我们通过全渠道会员系统再进一步告诉商家，每一个店每一个渠道带去了多少人、都是哪些人、都有哪些消费行为的话，这对商家来说将是一个巨大的数据资产。

有了这些数据能干什么呢？第一，看分析报表；第二，做精准营销。举个例子，以月度为单位，看了下面这些图你就能明白，传统意义上的会员系统是一个营销工具，而美团点评全渠道会员本质上是个数据产品，它可以让餐厅在充分了解自己的客人的情况下再做营销。

除此之外，还有客人贡献率分析、菜品销量分析、菜品满意度分析、服务满意度分析等越来越精细化的数据维度，而这些数据越清晰，我们对餐厅、对客人就越心中有数，那我们每天的经营就能获得更大的确定性。

### 4. 经营仪表盘，给餐厅另一个经营大脑

如果把餐饮发展的上半场理解为靠人口红利来赚钱的话，其带来的直接结果是餐厅没有实行精细化经营，经营水平相对不高，而互联网行业则比较特殊，它积累了大量数据，其精细化经营水平一直在提升。到了餐饮发展下半场，不能再简单地依靠人口红利实现增长了，需要提升精细化水平，提高经营效率，简单地说就是向效率要效益。

我经常想，现在的互联网公司都会花很大的价钱请一些比如波士顿、麦肯锡这种顶级咨询公司的人做各个业务线的商业分析，本质上就是汇总各个环节、各个维度的经营数据进行分析，然后再指导业务上的决策。这种数字化经营方法如果赋能到餐饮行业的话，我个人认为至少能提升 20% 的行业经营效率，或者是产值。基于这样的思考，我们把上述行业数据、门店数据和用户

数据以及竞对数据四个模块通过汇总分析后，就会产生一些决策或者营销动作，最后再加上一个营销模块，就构成了一个餐厅要看数据的五个方面，对此进行结构化的加工，从而形成了一个服务，我们称其为经营仪表盘，通过数据来给餐厅提供另一个经营大脑，真正体现美团在经营层面上帮助餐厅提高效益。

简单地看下这个产品的 DEMO。这个产品很快就会正式发布，餐饮老板可以开通它来看看你的潜在客户在哪里。

在利用数据化思维做得比较好的餐厅，我觉得德克士算一个。当我得知一个快餐品牌设立一个首席数字官这个职位的时候，我还是很惊讶的。我们知道，用户在消费快餐的时候是很难有储值行为的，德克士一开始就明白这个道理，他们并没有让用户储值，而是让用户花一元钱办张卡，这张卡有打 8 折和买一赠一的功能。这对用户来说，等于花了极低的成本办理了会员。但德克士为什么这么做呢？它们目的很明确，就是要收集用户的信息和消费数据。它们快速地收集了 450 万会员数据，通过对这些数据的分析，再进行营销活动，很明显增加了这些用户的到店频次。更厉害的是，德克士针对这些用户建立了一个电商平台，用户在这个平台上可以和其他便利店，比如和全家便利店的消费积分打通，然后可以通过积分兑换商品，也可以购买商品，这就相当于对用户做了更深层的加工应用。

想想看，如果没有把这些用户圈起来，对资源进行二次甚至三次利用，这些

用户资源是不是就白白浪费了呢?

## 5.5 有外卖:新餐饮做外卖,实战 28 招

关于外卖业务的底层逻辑和业务认知,我在前面的章节也讲得比较多了,这一章节主要是讲具体的案例和运营技巧,先简单介绍一下美团点评餐饮学院。美团点评餐饮学院(xue.meituan.com)是美团点评旗下面向餐饮人的学习平台,涵盖在线学习、线下培训班以及出国游学等学习方式,自主研发和制作了上百门、涵盖餐饮行业 18 个模块的课程,旨在提升餐饮人的行业认知、运营技巧、营销水平等专业能力。

外卖作为餐饮营销方式的一种,现在已经逐步成为餐饮营销的标准配置,外卖在产品分销和用户场景细分上为餐厅提供了更合理的餐饮功能选择,其占比份额越来越高,甚至出现了某些店铺只经营外卖的情况,可见其重要程度。但对于外卖运营来说,在经营上有更多的模式需要探寻,比如我们经常说的"酒香不怕巷子深"的逻辑就不能照搬到线上经营。外卖承载于互联网,诞生于餐饮场景的细分,其带来了餐饮上的巨变,也给餐饮人带来了巨大的经营压力。为此,美团点评餐饮学院这几年在线下办了一个《新餐饮做外卖:实战 28 招》的学习班,一起来研究行走外卖江湖的办法,希望能为你的外卖生意提供助力。

在学习这 28 招之前,首先要确认外卖店铺正处于经营的哪个生长周期。我们把商家开店按照门店发展规模来做划分,可以分为"从 0 到 1 新商家未

开店""从 1 到 10 已开店""从 10 到 100 规模化发展"这三个阶段。你可以根据下图判断应该学习哪方面的内容。

## 新餐饮做外卖实战 28 招

**① 0-1（未开店）**
1. 城市/商圈/客流分析
2. 如何选择品类
3. 如何选址
4. 外卖动线如何设计规划
5. 线上如何开店
 - 入驻条件
 - 后台操作
 - 外卖菜单设计
 - 平台规则
 - 配送方式选择
 - 用户评价管理
6. 外卖产品如何定价
7. 如何设计外卖包装

**② 1-10（已开店）**
8. 外卖店铺如何做好引流曝光
9. 如何提升外卖店铺排名
10. 如何提升入店转化率
11. 外卖门店星级如何提升
12. 如何结合自身店铺有效设置线上活动
13. 如何提升下单转化率
14. 如何有效提升客单价
15. 如何提高店铺复购率
16. 如何玩转外卖线上推广
17. 如何打造外卖店铺会员营销体系
18. 如何通过商家后台数据分析解决店铺问题
19. 外卖店铺如何有效设计绩效考核体系
20. 如何合理管控外卖店铺成本利润结构

**③ 10-100（规模化发展）**
21. 如何建立外卖运营体系
22. 外卖店铺如何突破销量瓶颈
23. 如何升级改造店铺外卖动线
24. 如何设计打造外卖爆品
25. 如何精细化外卖店铺运营
26. 如何通过升级店铺装修提高用户体验
27. 外卖店铺如何全渠道做营销
28. 外卖店铺如何进行品牌化升级

《新餐饮做外卖：实战 28 招》是根据商家外卖店铺发展的不同阶段，自主研发设计的系统学习内容，这里仅做简单介绍，如果你想了解更多，可以关注美团点评餐饮学院微信公众号（meituanpeixun）进行查看。

### 第一招：如何了解你的用户群
###### ——大数据判帮你断客流情况

餐饮是很复杂的体系，在不同的城市，商流、资金流信息，以及消费者年龄、兴趣爱好或者需求都有所不同。商家在选择品类、品牌等方面，应该遵从市场的信息数据来进行市场评估和对用户需求的把控。我们观察到，即使是在同一个城市，消费者也会呈现出对单品和品牌明显的选择差异。如下图广州市品类、单品、品牌热搜 TOP10 排行：

市场的定位和用户的需求定位是餐厅产品卖点的前提，在新餐饮时代做外卖，大数据支撑已成定局。我们依托大数据了解更多经营信息及用户画像情况，用来对不同城市、商圈、客流进行分析并把握市场动态，这样可以大大降低试错风险，增加胜算。

第二招：如何选择外卖品类

——存活值和天花板值的计算帮你选品更精准

在选品这个环节上，商家经常犯的错误是根据个人喜好来做，而忽视了市场反馈的因素。这里我们提供两个选品的数字化方法：

1. 计算商圈品类存活值

测算具体商圈里面不同的二/三级品类下月售单量 TOP 前 10% 门店的月

均单量、客单价、月均交易额,从而估算出门店月均利润,以此来推测该品类能否在该商圈存活。

2. 计算商圈品类天花板值

测算具体商圈里面不同的二/三级品类下月售单量 TOP 前三门店的月均单量、客单价、月均交易额,从而估算出门店月均利润,以此来观察该品类生长的空间。

| XX 商圈各类月销单量前 10% 的门店月均毛利估算 | | | | | |
|---|---|---|---|---|---|
| 品类名称 | 总销售门店数量 | 月均单量 | 平均客单价 | 月均交易额 | 月均毛利（食材成本按 30% 计） |
| 炒饭 | 324 | 1200 | 20 | 24000 | 16800 |
| 面类 | 420 | 1380 | 22 | 30360 | 21252 |
| 烧烤 | 180 | 1000 | 60 | 60000 | 42000 |
| 火锅 | 42 | 600 | 158 | 94800 | 66360 |

商圈存活值保证品类的成长可能性,天花板值预估了该品类的生长空间。

## 第三招:外卖商铺如何做选址

——一用户,二商圈,三店铺,兼顾堂食"千分法"

想要开一家外卖餐饮店,选址尤为重要。地址选择不好,会影响商铺的运营,甚至导致大量的亏损。除了考虑商圈消费群体与自身品牌是否匹配外,还需要考虑商圈楼宇密集度、商圈消费能力、商圈外卖单量统计、同品类价格、用户口味、商圈单量情况和商圈活动情况，同时进行人流量预估、开业成本预估等。

如果是堂食和外卖相结合的店铺，还需要考量：

- 人流统计
- 分析顾客行走路径
- 保证餐厅的招牌清晰可见
- 确保接待台的易接近性

同时，至少选择三家对比餐厅，预估损益表，确定销售额目标，预估出第一年的销售额。

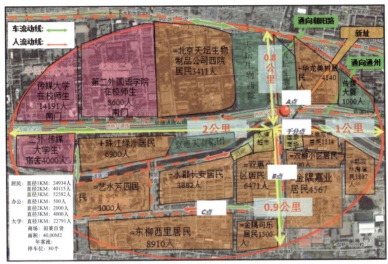

千分点、A 点定位法

## 第四招：外卖动线如何做规划
### ——出品、打包和取餐先做分离，按周期不断迭代

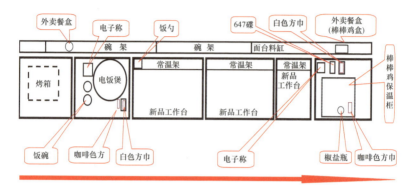

饭线

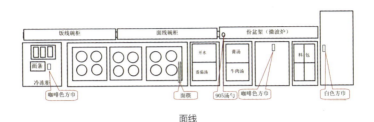

面线

外卖消费者对时间有非常高的要求,外卖背后的动线设计也早已不仅是一个线路,而是整个餐厅能够高效运转的基础,运营管理必须细微到工作的每个环节和细节中。精细化的动线设计已经成为餐饮空间的高速路,动线的流通和顺畅关系着一家餐厅的运行效率和客户体验,尤其是在外卖这个对时间要求非常高的领域。

这里我们提供两个优化的方向:

1. 产品出品优化

- 以市场维度建立外卖管理方法,持续调整外卖动线
- 标准化产品、半成品、ERP 产品数据助力食材采购
- 部分热卖餐品高峰期前预置
- 出品分单模式,让骑手来监督出品时效性

2. 打包及取餐动线优化

- 设置外卖取餐口
- 打包物料按 SOP 流程布线,缩短打包时间
- 配置外卖专岗,给予其更好福利(主管头衔,外卖培训,定期学习交流会等)

## 第五招:如何在线上开通外卖店铺
——基础设施要打牢,平台规则最重要

1. 入驻美团外卖的要求·资质提交

- 店铺正常经营中
- 店铺门脸照片(含门头招牌)
- 店内大范围环境照片
- 营业执照 / 特许证件
- 食品经营许可证 / 餐饮服务许可证 / 食品流通许可证 / 药品经营许可证

（限药店）或其他

- 营业执照法人代表/经营者手持身份证
- 银行卡信息（推荐使用中国工商银行/中国农业银行/中国建设银行/中国银行）

2. 外卖菜单设计筛选适合外卖的菜品

菜单设计重点考虑五个方面：

- 菜品规格设置
- 优化分类排序
- 优化菜品排序
- 菜品图片拍摄
- 撰写菜品描述

3. 外卖平台规则解析

门店综合交易额 = 曝光量 × 入店转化率 × 下单转化率 × 客单价 × 购买频次

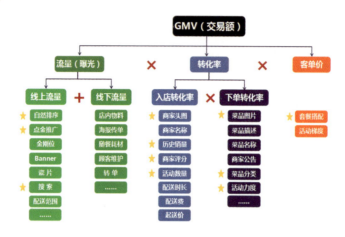

### 4. 配送方式选择：不同品类匹配适合的配送方式

| 配送类型 | 商户类型 | 配送人员 | 配送范围 | 配送扣点 |
|---|---|---|---|---|
| 专送 | 对稳定性要求高（99.5%+） | 全职 | 3公里为主 | 15%~20% |
| 快送 | 对稳定性有要求（推单率98.5%+） | 优秀兼职 | 5公里左右 | 15%~20% |
| 众包 | 自配送商户 | 一般兼职 | 5公里左右 | 5%~10%（平台服务费）+按里程 |
| 自配送 | 自有运力/社会运力 | 自营运力/第三方 | 不限 | 5%~10%（平台服务费） |

| 起送价 | 营业时间 | 配送成本 | 服务品质 | 单均配送成本 |
|--------|----------|----------|----------|--------------|
| 20左右 | 早9点-晚9点 | 交易佣金+C端收费 | 优 | 自营成本较大/加盟成本好于自营 |
| 15左右 | 24小时 | +C端收费（低于专送1-2元） | 较优 | 单均成本好于专送 |
| 自主 | 24小时 | 保底保准+市场化调节 | 成本=体验（依赖对配送人员的付出） | 市场化调节 |
| 自主 | 自运营 | 一般低于专送，跟订单密度相关 | 参差不齐 | 无关联 |

5. 用户评价管理：处理好用户评价最终会作用于店铺的业绩表现

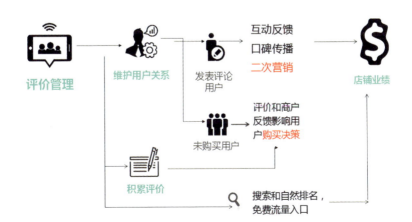

## 第六招：外卖产品如何定价
### ——定价法：毛利率定价和保底定价法

外卖毛利率定价法：通过定价公式导出定价倍数，具体产品的食材成本乘以定价倍数即得出该外卖产品的保底定价。

第一步：计算商圈同品类销量前 7% 门店的月均流水；

第二步：计算门店外卖项目的固定成本一个月是多少；

第三步：用固定成本除以平均月均流水就得到生存毛利率；

第四步：列出平台扣点费率，商家补贴预留 40%，付费推广预留 15%；

第五步：套公式。

产品食材成本 × 定价倍数 ×（1-40%）×（1- 平台扣费费率）- 食材成本 -15%× 食材成本 × 定价倍数 >= 生存毛利率

假设我是做中餐的，商圈同品类销量前 7% 的门店平均月均流水为 8 万，我的门店外卖项目固定成本一个月 1.6 万，那么生存毛利率 =1.6÷8=20%

平台扣点 20%，商家补贴预留 40%，付费推广预留 15%，套公式：假设产品食材成本为 x，定价倍数为 y

$$xy \times 0.6 \times 0.8 - x - 0.15xy \geq 0.2$$

$$0.33xy - x \geq 0.2$$

假设我的毛血旺食材成本为 10 元,那么 $0.33 \times 10 \times y - 10 \geq 0.2$,得出 $y \geq 3.09$ 倍

也就是我的毛血旺定价必须 $\geq 10 \times 3.09 = 30.9$ 元

备注:月均流水 = 月销单量 × 原价单均价。原价单均价计算的是平均每笔订单的产品原价 + 包装费的价格(不算配送费,不使用美团红包,不使用店内券,不享受促销);月均流水,如果考虑做多平台,就计算销量前 7% 的门店多个平台总单量加起来的月均流水,再算出平均值;如果只考虑单平台,那就计算销量前 7% 的门店单平台的月均流水,再算出平均值。

### 第七招:如何设计外卖包装
#### ——颜值能带来惊喜和回头

好的外卖包装是基于产品基因层面的设计,既要满足功能需求又要满足顾客体验,让产品自然提升溢价,重点要做到以下五点:

- 不易变形
- 密封包装
- 保温环保
- 方便携带
- 合适餐具

### 第八招：外卖店铺如何做好引流曝光
　　——有钱花在刀刃上，选择性价比最高的营销组合方案

曝光是外卖店铺营销的第一步，没有引流曝光，菜品再好、服务再到位，也没有机会让消费者知道。这里提供一个外卖平台的曝光量参考：主页曝光＋流量展区曝光＋线下引流曝光＝曝光量。

## 第九招：如何提升外卖店铺排名
### ——场景、用户、经营、转化，一个都不能少

影响外卖店铺排名摁互因不同城市、商圈、品类而有所不同，这里归纳出主要的四类因素，供你参考：

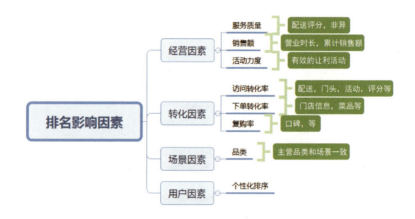

## 第十招：如何提升入店转化率
### ——层层转化，品牌、营销、服务递进式转化法

透过数据反映出问题进而指导我们做出运营决策，这就是统计数据的本意。入店转化率数据的影响因素主要有以下几种（标红的部分为重点关注项）：

基础信息：
- 门店星级
- 月销单量
- 人均消费
- 发票要否

营销信息：
- 店铺设计（门店名称、门店头图/LOGO、门店所属分类等）
- 促销活动
- 店铺标签（优选、新店……）
- 品牌标签
- 店铺推荐（点评推荐明星推荐）

辅助信息：
- 加分标签（点评高分点、极速退款、青山公益、支持自取、阳光餐厅……）
- 配送时长
- 配送距离
- 起送价
- 配送价

多站在买方角度思考要添加哪些信息，店铺的商品自然更容易被接受。

## 第十一招：外卖门店星级如何提升
——品牌感染力获得用户信任，制造惊喜提升满意率

店铺应通过有技巧地设置一些用户福利，或通过有趣的软文呈现方式、丰富的产品搭配体现食物美感，运用多渠道有效触达并与用户互动，带给用户有趣、惊喜的服务体验，最终有效提升门店星级。

第十二招：如何结合自身店铺有效设置线上活动

——借力平台流量活动，多次测试筛选适合方案

外卖平台是将优惠活动作为常态表现的。有效的活动设置要满足五方面要素：

- 活动要有丰富度，让用户有更多的选择
- 活动的力度适当，买卖双方均受益
- 满减和折扣至少要有一种
- 营销要做到阶梯促销
- 监测活动搭配是否合理

## 第十三招：如何提升下单转化率
### ——产品自身属性的全方位展示，契合匹配的最后一步

下单转化率指的是点击到店的客户数量和选择下单的比例，这是订单转化的核心指标。其营销方案和相互作用较为复杂，在这里只简单介绍主要的影响因素。

产品属性：

- 产品分类
- 产品丰富度
- 分类名称
- 菜品排序
- 菜品设计（性价比：菜品图片/描述/分量）
- 属性标签（最受好评、热销、招牌、新品）

营销因素：

- 店铺公告
- 个性化装修
- 促销活动
- Banner/店内海报引导

辅助因素：

- 门店评价
- 餐盒费用
- 预计送达时间
- 产品是否可购买(库存、是否在可售时段)
- 食品安全(名厨、餐厅展示、明星到店、点评高分)

比如菜品筛选因素:应该将已有菜品按照爆款产品、引流产品、利润产品、辅助产品进行分类,并且去掉不适合外卖的菜品,提高用户满意度。

或菜品分类的要点是商家应该根据品牌定位与主营品类对餐品进行合理的分类,类别数量控制在八个以内。这里有很多细节,不再赘述,可以关注美团点评餐饮学院微信公众号,获取更详细的信息。

## 第十四招:如何有效提升客单价

——差异化越显著,综合价值度越高,提升越显著

客单价提升的关键在于商圈内同品类店铺间的价值度比较,这个价值度指的是综合价值。例如套餐搭配及售价、产品设计包装以及附加价值感(桌布、

环保购物袋、小礼品搭配),价值感差异,将影响隐形消费。品牌差异度越明显,综合价值度越高的门店,客单价提升效果越明显。

## 第十五招：如何提高店铺复购率？
### ——出餐、配送、活动、颜值细节为王

复购率是指同一用户反复在同一家店铺下单，复购率越高意味着越多的用户坚持选择这家店铺，反映了用户对商家的忠诚度。忠诚度高的用户也就是我们常说的"粉丝"，粉丝的反复消费对餐饮商家是至关重要的，复购可以说是运营的核心。

公式参考：

重复购买率 = 一段时间内（任意顾客所有购买（消费）次数 −
首次购买（消费）次数）/ 客户总购买（消费）次数

- 复购率越高，门店排名也会给予更高的加权
- 复购率越高，商家越可以享受品质带来的红利
- 新顾客占比越高，越可以享受平台的红利

影响复购率的因素主要有 4 个方面：

- 菜品品质，分量稳定性
- 门店活动丰富度以及活动力度
- 配送速度与质量
- 菜品颜值及店铺装修

第十六招：如何玩转外卖线上推广

——产品、位置、计费、特点、效果，步步监测选择最优解

餐饮商家想要利用第三方平台为店铺营销，首先需要了解不同平台的优势和特点，以及重点的营销推广模式。下面以美团外卖为例，介绍几个典型的推广模式的位置、计费方式、产品特点以及达到的效果。

第十七招：如何打造外卖店铺会员营销体系

——打通产品组合，粉丝效应做会员

会员档案、会员等级、经验值、积分、权益与优惠券管理，所有这些忠诚度管理的经典实践，是商家运营会员系统的核心所在。为了留住用户，这些一个都不能少。餐饮商家需要通过自身的产品组合、周边产品、增值服务甚至异业合作，来为顾客提供更多权益。会员可为门店提高复购、交叉销售，甚至爆款引流。无论线上还是线下，会员的设计思维方式都包括三个角度：会

员专享折扣设计；会员专享商品或活动设计；差异化竞争点。

以星巴克会员权益设计为例：

1. 买 1 赠 1 券

严格地讲，这个特权是你花 98 元买到的，其模式是，你必须买一杯后才能够免费拿到另外一杯。

2. 免费早餐券

如果有这张券，就可以在上午 11:00 之前，获得免费的中杯咖啡。利用免费早餐券，进行跨品类的商品推荐，希望顾客在购买咖啡时也买一些早餐糕点。

3. 升杯券

有了这张券，就可以不花钱将中杯升成大杯，将大杯升成超大杯。这是一张快速提升会员满意度的优惠券。

4. 生日当天赠 1 杯

生日当天通常你会收到各种平台的问候，不过星巴克的赠饮，还是很实在的。

5. 买 3 赠 1 券

相当于花 3 杯咖啡的钱，可以喝到 4……虽然你免费拿到了一杯咖啡，但是也意味着单次消费近 100 元。

6. 周年庆免费券

周年庆当月可以免费领取一杯咖啡。

7. 消费 10 次任意金额,获赠 1 杯

不管消费的金额是多少,消费的每一笔,星巴克会都为用户记录,到达 10 次,就能再获得一杯咖啡。因此,你在想买咖啡的时候都会想着去星巴克。

8. 专属金卡

一张刻有消费者名字的专属金卡。别小看这张金卡,通过身份差别待遇,会给人一种专属感和优越感。

消费需要会员服务的场景处在不断丰富和变化的过程中，不要试图去建设一个固化的会员体系。餐饮品牌需要一个可以不断扩展触点、不断调整规则、不断和各业务流程融合的会员体系。

## 第十八招：如何通过商家后台数据分析解决店铺问题
## ——跟踪活动、定期复盘、快速更新

后台数据已经描绘了每个消费者的真实想法和意图，解读了用户在 App 前端的行为，通过对商家后台丰富的大数据分析，实时了解自己的经营现状，制定有效的策略快速解决出现的各类经营问题并持续优化。比如，后台中很重要的顾客管理、经营分析、门店推广、营销活动，掌握数据，即掌握了消费者的消费动线。

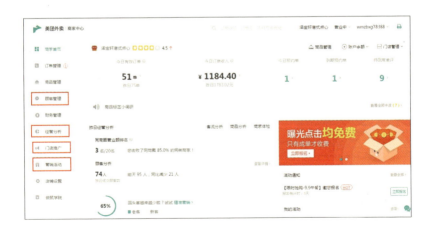

## 第十九招：外卖店铺如何有效设计绩效考核体系
### ——重视细节，所有考核后都跟着一个激励政策

合理的绩效考核方案是确保店铺外卖策略落地的有效保障，任何绩效考核计划的细节不要忽略，比如，在每个运营动作后面都跟着一个激励体系。

某正餐品牌外卖运营店铺绩效考核体系参考：

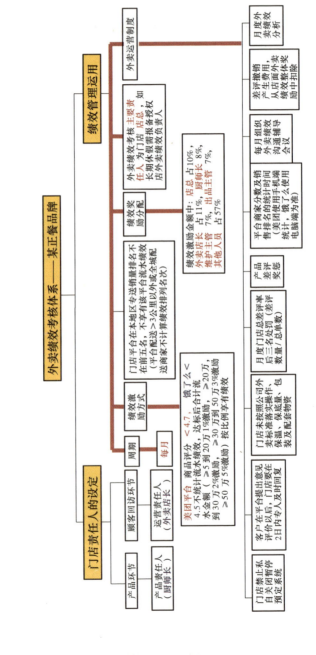

## 第二十招：如何合理管控外卖店铺成本利润结构
### ——堂食外卖定位，分摊成本，确认利润结构

分析利润成本结构，寻找进一步降低成本的途径，先对各个成本项目的之前实际数、计划数和增减变动情况进行观察，了解其增变动额和变动率；其次结合各个项目成本的增减情况，了解成本结构的变动情况，再分析各个项目成本发生增减及成本结构发生变化的原因。通过店铺性质（堂食＋外卖/纯外卖店铺）以及店铺所处商圈特点、经营成本等因素来确定门店经营投入产出比例，通过不断提升优化外卖效率，实现外卖收益最大化，并降低分摊整体经营成本。

| 某正餐的成本结构 | | 外卖的成本结构 | |
| --- | --- | --- | --- |
| 30% | 原材料成本 | 原材料成本 | 30% |
| 13% | 房租成本 | 包材 | 8% |
| 25% | 人力成本 | 人工 | 6% |
| 7% | 能源杂费 | 平台抽佣 | 20% |
| 5% | 税费 | 能源杂费 | 2% |
| 8% | 固定资产折旧 | 税费 | 5% |
| 3% | 促销及其它 | 平台促销费用 | 15% |
| 9% | ¥净利润 | ¥净利润 | 14% |

## 第二十一招：如何建立外卖运营体系
### ——独立的市场、财务、研发、绩效团队

某正餐品牌外卖运营体系架构及职能设计参考模板：

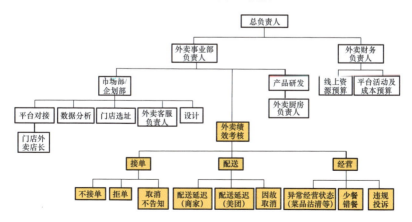

## 第二十二招：外卖店铺如何突破销量瓶颈
### ——整合渠道流量资源，引爆用户

1. 多店铺策略，增加曝光率

2. 综合店策略，提升购买便利性（共享厨房、多品类经营、新零售）

3. 性价比策略（比如设置小份菜）

4. 配送范围延伸（比如小龙虾、火锅、甜品蛋糕、烧烤等品类）

5. 增加营业时长（比如早餐、下午茶、夜宵）

6. 选择高客单价低竞争赛道的品类

7. 提升出品效率、配送效率，进行动线改造

8. 线上线下整合资源营销推广，尤其是提升外卖经营能力

9. 老客盘活，精准营销（有一定老客基础，包含堂食顾客）

10. 制造节日（整合渠道流量资源进行引爆）

**第二十三招：进阶升级改造店铺外卖动线**

**——合作模式探索，共享厨房可成为新趋势**

在一、二线城市的核心商圈圈下场地，改造成独立的厨房档口，再出租给商家经营餐饮服务，餐饮创业者也可以通过低廉的租金等节约开业成本。除了提供基础设施服务，不少共享厨房平台方还向商家提供运营管理、品牌打造、数据分析等一系列配套服务。相较于传统美食城，共享厨房对选址地段要求不高，极大地提高了效率和人效。

金百万、和记小菜等店铺将外卖模式共享，利用智能锅设备改造原有外卖出品及操作动线，升级改造店铺外卖动线，形成共享厨房模式。大幅提升外卖效率，为第三方餐厅增加外卖收益及利润。

## 第二十四招：如何打造外卖爆品
### ——传播第一，产品第二原则

一家餐厅可以有很多种方法让品牌火起来，但是有一种最有效，那就是打造"爆品"。餐饮人常说"无爆品，不餐饮"。打造"爆品"，一定要符合品牌定位，这是"爆品"的特征，要具备了传播力、美感、话题性、满足感和炫耀感。要打造"爆品"的商品，关键还要了解目标受众的心理。以下仅提供一些思路供读者参考。

1. 强化品牌记忆

- 图像认知：无论是文字 LOGO 还是图形 LOGO，都应该尽量形状化、色彩化、具象化
- 载体运用：品牌最重要的免费广告载体，特殊的产品造型本身就能形成一个强区隔符号
- 跨界合作：通过流量人物、图像 IP 引流，导入爆款

2. 创作思维

- 从产品研发进行思维拓展
- 从美学定义进行思维拓展

3. 准确的产品实效运用

## 第二十五招：如何精细化外卖店铺运营
### ——顾客角度看商家，个性化细节发现潜在需求

当外卖店铺进入到相对成熟的运行阶段时，有了海量的历史消费者或留存消费者后，又要持续做用户拉新。此时用户群已经足够大，只有一个活动或策略没有办法服务好每一个用户，这时候就需要考虑差异化运营，也就是精细化运营。依靠精细化运营提升消费者的覆盖率，以更好地服务不同属性的消费者来提升运营效率和效果。

首先，店铺要有运营目标，围绕这个目标，通过外卖商家后台数据了解到是哪个指标导致出现这种结果，再结合自身资源做有针对性的运营方案，找到具体措施解决这个问题。

比如看数据需要观察数据结构。

如：下单人数 = 进店人数 * 下单转化率

和自己做对比。

过去一周、一个月、近半年数据变化趋势。

和同类商家对比。

交易额、曝光、转化率、留存率……

在运营过程中要不断研究活动是不是符合预期，进而调整方案。活动结束之后可对活动进行总结和复盘，通过总结和复盘知道哪些地方可以改进，下次活动时做得更好。

第二十六招：如何通过升级店铺装修提高用户体验
　　　　——做店铺就是做电商，视觉化舒适度第一位

如何在更多的竞争对手中快速抓住客人。一个"破局"的思路是：颜值决定

第一印象。这是一个以外在视觉与感官为盈利点的新餐饮时代，颜值是与新客人交互的第一步。在某种程度上，颜值的重要性可能会大于口味与服务。

那些能在线下看到你的装修、感受到你的服务的消费者，在线上只会用几秒钟的时间扫描你的店铺。如何在这几秒内吸引他们的注意力，极为关键。这时候外卖店铺装修就显得极为重要，如果无法以醒目的视觉让顾客注意到你，那么你的店铺将很难获得流量，更别提下单转换了。

好的店铺设计是提升成交量的关键，可以引起消费者的兴趣，增强消费欲望。打造外卖店铺，将文字和图片相结合，通过升级店铺装修，提升整体视觉设计的舒适感，通过菜品分类、Banner 位设计、品牌故事等打造最佳的图文效果，目的在于提高顾客的浏览和下单体验，如电商的购物体验一样。

## 第二十七招：外卖店铺如何全渠道做营销
## ——筛选用户消费场景，渠道代理品牌获客

单一的线上或线下售卖模式并不能满足新餐饮时代的消费者，整合线上和线下资源成了餐饮企业必不可少的技能，例如麻小·麻辣诱惑外卖品牌覆盖餐饮到店（堂食）、到家（外卖）、新零售（食杂店）三大场景，通过产品零售化改造整合于天猫、京东、拼多多、盒马鲜生、京东7FRESH、每日优鲜、有赞……通过全渠道获客扩展餐饮信息网，通过多元化经营收获了各个渠道的消费者。

## 第二十八招：外卖店铺如何进行品牌化升级
### ——故事诠释品牌，产品加强消费仪式感

在这里，我简单介绍两个案例，希望能给读者提供一些启发。

1. 有仪式感的麻辣烫

外卖店铺想扩大自身品牌的影响力，在长期规划中必不可少的是提升自身品牌的口碑。对消费心理的洞察消费，让"佛系"麻辣烫脱颖而出，其一改传统麻辣烫线上呈现形式，将麻辣烫这一街边小吃成功升级为有仪式感的套餐。

## 2. 烘焙品牌升级之路

产品除了保证自身品质,不断开发新品才能有源源不断的客源,烘焙行业升级用产品,不断研发新模式做竞争,让顾客有持续的新鲜感。

以上是关于《新餐饮，做外卖：实战 28 招》的简单介绍，这是根据商家外卖店铺运营发展的不同阶段设计的课程，也是餐饮学院自主研发设计的系统学习内容。如果你想了解更多，可以关注美团点评餐饮学院微信公众号（meituanpeixun）进行查看。

# 第6章

# 中式烧烤业态分析及报告

## 6.1 中式烧烤增长迅速

餐饮行业无论如何变化，都离不开基础的烹饪模式，烧烤作为一种流行的烹饪形式仍旧广泛地存在于各大菜系中，因其技法、形式、食材的多种多样，在现在的餐饮行业形态中更加丰富多变，并且逐步演进着。与好友相约在夏日夜晚喝酒吃串，是全国各地烧烤消费者的共同体验。尤其是中国东北，东北地区中式烧烤文化最为发达，在国内城市中式烧烤门店数 TOP 10 中，东北三个省会城市包揽 2~4 位。一天三顿烧烤虽然是个段子，却也是东北一些城市日常生活的真实写照。

烧烤，一直满足着消费者对亲密关系的社交需求。暑夏，烤串和啤酒，热闹的酒馆音乐餐厅，门店气氛热闹嘈杂，虽然这些并不适合正式社交的场合，却契合亲密关系的情感释放，形成了一种独有的社交文化。2018 年夏天，烧烤纪录片《人生一串》在主打年轻人文化的视频网站 bilibili 上播出，三个月时间播放量超过 3970 万，豆瓣评分高达 9.0。纪录片中的烧烤美食引出了年轻人的情感记忆，烧烤社交文化被更多的年轻人所接受。

烧烤纪录片《人生一串》

严格的环保政策同样促使中式烧烤店面升级，传统中式烧烤典型店面形象是使用露天烤架的大排档、小店。自《北京市2013—2017年清洁空气行动计划》颁布以来，中式烧烤店开始升级，从室外走进室内、无装修向精装修、无特色向主题特色。从露天烧烤摊档、室内烧烤店，到精品烧烤店，再到主题烧烤店，环保推动的烧烤店面升级。

烧烤作为以肉食为主的餐饮形式，依托当地食材，在全国范围内发展出了众多流派，形成了有地方特色的烧烤菜品。而随着物流运输，特别是冷链运输网络的不断完善，一些地域特产优质食材可以在保证口感的条件下向更多地区流通。烧烤店的食材向优质化、特色化升级。

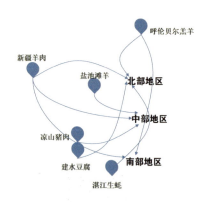

地方特色优质烧烤食材流通示意图

多方面的原因，让全国中式烧烤门店规模在 2018 年迎来回升，截至 2018 年 6 月，全国中式烧烤门店数量为 29 万家，中式烧烤品类占比为 3.1%。中式烧烤品类占比在 2016 年出现下降，经过 2017 年的平稳发展后在 2018 年出现回升，近两年整体保持在 3% 左右的占比。

中式烧烤门店主要聚集在东北三省、山东、四川、广东等地。近两年中式烧烤行业表现出由北向南进行扩张的态势，云南、湖南、福建等南方省份的中式烧烤门店数出现明显增长。

各级城市中式烧烤门店数在全国中式烧烤门店总数中的占比保持在一个稳定状态。从"北上广深"到三线及以下城市，中式烧烤在全国各层级城市中保持均衡发展态势。中式烧烤是一种全民性消费行为，各层级消费者都热爱烧烤，城市层级并不影响中式烧烤门店数的增速。2018年第二季度，全国范围内中式烧烤门店数都呈增长态势。其中新开店数最多的区域为山东、辽宁、广东。作为中式烧烤新开店数最多的省份，山东、辽宁、广东都是具有中式烧烤店数量规模优势的省份。在形成门店数量规模后，中式烧烤新开店数量同样会领先于其他省份。

大型连锁品牌发展速度高于行业整体。2016年6月至2018年6月，大型中式烧烤连锁品牌门店数年均增长率为16.8%，这一增长速度高于中式烧烤整体年平均增长率。大型中式烧烤连锁品牌有门店管理、供应链管理、菜品设计等方面的优势，易于扩大门店数规模。虽然大型烧烤连锁品牌有多种优势，但门店数年均增长率并没有拉开与行业整体的差距。可见，中式烧烤行业整体还处于连锁品牌爆发式增长前的酝酿期。

## 6.2　中式烧烤消费者分析

要做好烧烤，首先需要深入了解用户需求。美团点评发布的《2018中式烧烤市场发展报告》数据表明，在中式烧烤消费人群中，女性消费者占比为

54.7%,占比高于男性。中式烧烤消费者年龄分布中,26~35 岁人群合计占比为 67.4%,构成了中式烧烤消费主力军。

2018 年 6 月,中式烧烤门店人均消费价格为 44 元,相比去年同期上升了 7 元,中式烧烤门店人均消费价格主流区间为 30~60 元,在中式烧烤门店中占比为 65.0%。相比于 2017 年 6 月,人均消费价格在 60 元以上的中式烧烤店数占比由 11.8% 提升至 16.8%,中式烧烤中高端消费占比在增长。

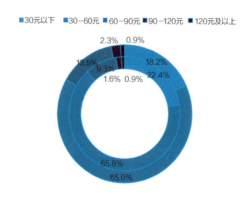

中式烧烤门店人均消费价格区间分布

作为一种与气候密切相关的饮食方式,中式烧烤消费也表现出了季节性周期,每年 6~8 月的暑期是中式烧烤的消费旺季,消费订单量在全年中处于最高水平,正在成为一种全年性的消费,每年 10~12 月,虽然中式烧烤消费月度订单量出现了下降,但整体仍保持平稳水平,可见季节性周期影响正在减小。每年 6~8 月份,有 62% 中式烧烤消费订单集中在晚上 18-21 时,只有 16.3% 的消费订单集中在 11-14 时午餐时段。相比于中午,中式烧烤是一个更适合晚餐时段的餐饮形式。

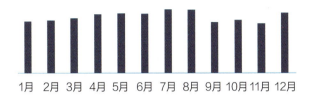

2017 年全国中式烧烤消费月度订单量

中式烧烤消费订单包括团购、代金券、闪惠买单等交易订单。

## 6.3 中式烧烤行业的发展趋势

中式烧烤行业的发展同样有资本力量的参与，木屋烧烤、很久以前等烧烤品牌都已成功获得融资。借助在火锅行业获得的成功经验，资本力量或将加速进入中式烧烤行业。海底捞创立 24 年后才走到上市阶段，中式烧烤连锁品牌市场仍需要数年时间发展才会诞生自己的"海底捞"。目前，头部品牌更有机会获得资本支持，从区域性品牌发展为全国性品牌。

中式烧烤正在由单一的烧烤类菜品消费转向以烧烤类菜品为主的综合消费，除了传统的羊肉串、烤翅等菜品外，中式烧烤店也在尝试将其他菜系特色菜品纳入经营范围。中式烧烤连锁品牌除了在建设中央厨房和冷链配送体系外，已经开始向食材供应链上游渗透，从原产地把控优质食材供应，打造以食材品质为特色的明星菜品，中式烧烤食材供应链竞争已全面升级。

草原羊肉：作为中式烧烤的主要食材，各品牌在羊肉原产地上竞争最为激烈，呼伦贝尔草原、科尔沁草原、苏尼特草原都是优质羊肉原产地。

海鲜食材：海鲜食材最注重鲜美，湛江生蚝、丹东蚬子是国内代表性的优质海鲜食材。而南美红虾等远洋海产也正在进入中式烧烤店。

## 6.4 新餐饮外卖正在拓展中式烧烤的消费场景

外卖提升了中式烧烤门店的服务能力，帮助中式烧烤门店增加营业额。外卖还可以满足消费者在家吃烧烤的细分需求，扩展了中式烧烤服务场景。提升了非高峰时段的销量，缓解了高峰时段门店的排队压力，减少客户流失。通过锡纸包装，保证菜品卫生，增加多重包装，维持菜品温度。另外，还增加了顾客的互动参与感，通过外卖配送自助烧烤工具，保证菜品烤熟即食的同时，增加自助烧烤体验乐趣。

在新时代信息化、智能化技术工具的帮助下，中式烧烤店在点餐、营销、收银等方面运营效率得到提升，云端化的多门店管理系统也有助于连锁品牌的快速扩张。手机点餐提高点餐效率的同时，节省了人力成本，降低高峰时段消费者排队的不良体验；通过广告精准触达消费人群，针对细分人群，开展特色营销、会员营销；接入线上支付通道，收银数据智能管理，通过智慧收银扩展收银方式；连通多店数据连通，实时监控店内管理；连通多个门店数据，定位业务痛点，对店面经营进行数据智能分析。

在中国餐饮行业收入规模保持增长、居民收入水平稳定提升的背景下，中式烧烤也走过了行业升级的道路，在环境、服务、菜品等方面已产生成熟的运营模式。

中式烧烤行业就餐时段集中，食材与口味地域特征明显，这些特点导致了中式烧烤地域性品牌多而全国性品牌少的行业格局。在资本、技术工具等资源的支持下，中式烧烤头部品牌非常有希望从区域性竞争中杀出重围，发展成为全国性大型品牌。

## 6.5 《2018中式烧烤市场发展报告》之重点城市发展报告

### 1 北京中式烧烤市场分析 — 美团点评
### 北京中式烧烤市场度过2017年调整期

- **市场规模**：截至2018年6月，北京中式烧烤门店数量超过6000家，中式烧烤品类占比[1]为3.2%，略高于全国平均水平。
- **市场趋势**：北京中式烧烤门店数量在2016年四季度出现明显下降，行业低谷持续了六个季度，直到2018年二季度中式烧烤行业才整体转暖。

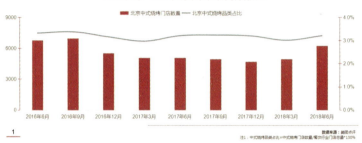

2016年6月—2018年6月 北京中式烧烤门店数量

数据来源：美团点评
注1：中式烧烤品类占比=中式烧烤门店数量/餐饮行业门店总量*100%

### 1 北京中式烧烤市场分析 — 美团点评
### 北京中式烧烤消费水平在全国处于领先地位

- **消费者性别**：北京中式烧烤消费者男性占比48.4%，高于全国中式烧烤消费人群中男性占比。
- **消费者年龄**：26~35岁人群占比为67.4%，是北京中式烧烤消费主力人群，与全国中式烧烤消费人群年龄分布相仿。
- **人均消费价格**：北京中式烧烤店人均消费价格为69元，人均消费价格高于国内其他城市，消费水平领先全国。

**北京中式烧烤消费者性别比例**
- 女性 51.6%
- 男性 48.4%

**北京中式烧烤消费者年龄分布**
- 25岁以下 11.4%
- 26-30岁 31.8%
- 31-35岁 35.6%
- 36-40岁 14.3%
- 40岁及以上 7.0%

**北京中式烧烤人均消费价格分布**
（30元以下、30-60元、60-90元、90-120元、120元及以上）
- 10.4%
- 31.5%
- 52.6%
- 人均消费 69元

数据来源：美团点评，2018年6月数据

第 6 章 中式烧烤业态分析及报告

### 1 北京中式烧烤市场分析

## 北京中式烧烤消费者乐于推荐羊肉类与鸡肉类食材

- **肉类食材推荐**：北京中式烧烤消费者更加偏好羊肉类与鸡肉类食材，猪肉类食材相对推荐较少。
- **主流菜品推荐**：羊肉串、蜜汁鸡翅、烤肉筋是北京消费者推荐最多的烧烤菜品，也都是北方烧烤主流菜品。
- **特色菜品推荐**：北京消费者推荐的小众而有当地特色的菜品有望京小腰、芥末烤翅、羊蝎子。

2018年6月北京中式烧烤肉类食材推荐偏好　　2018年6月北京中式烧烤菜品推荐榜

### 1 北京中式烧烤市场分析

## 望京是北京中式烧烤最热门商区

- **最热门商区**：望京商区中式烧烤门店点评数在北京各商区中排名第一位，而订单交易额同样高居各商区首位，堪称北京中式烧烤最热门商区。
- **最壕商区**：北京中式烧烤人均消费最高的商区还数热闹的工体/三里屯区域，这里的"壕"不只在酒吧与西餐，也在烧烤店。

### 1 北京中式烧烤市场分析

## 北京中式烧烤热评门店优势主要在于环境与服务

- **热评门店评星**：热评门店在2018年上半年获得的评价中有89.4%是五星好评，高于北京中式烧烤店整体平均水平。
- **热评门店优势**：北京中式烧烤热评门店在口味、环境、服务上的评星都要高于当地整体，服务与环境评星上二者差值要大于口味差值。北京中式烧烤店口味整体水平较高，想要突围而出需要在环境与服务上做更多打磨。

### 2 上海中式烧烤市场分析

## 上海中式烧烤品类占比低于全国平均水平

- **市场规模**：截至2018年6月，上海中式烧烤门店数量超过4300家，中式烧烤品类占比为1.9%，低于全国平均水平。
- **市场趋势**：上海中式烧烤门店数量同样是在2016年四季度出现下降，2018年一季度中式烧烤市场开始回暖。

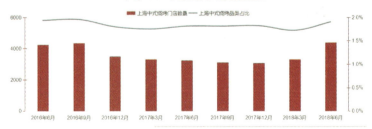

# 第6章 中式烧烤业态分析及报告

## 2 上海中式烧烤市场分析

### 上海中式烧烤市场在2018年一季度迎来转折

- **关店潮**：上海中式烧烤在2016年 Q4(四季度)有超过1000家门店关店，主要受季节与环保治理等因素影响。
- **转折点**：2018年Q1(一季度)，上海中式烧烤当季开店数超过300家，高于当季关店数，扭转了连续5个季度开店数低于关店数的形势。

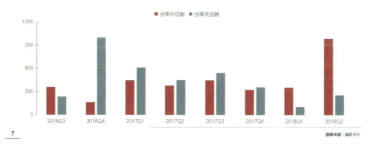

2016Q3-2018Q2 上海中式烧烤门店开关店数

数据来源：美团点评

## 2 上海中式烧烤市场分析

### 上海中式烧烤人均消费价格高于全国平均水平

- **消费者性别**：上海中式烧烤消费者性别比例均衡，男性占比51.4%，高于全国中式烧烤消费人群中男性占比。
- **消费者年龄**：26-35岁人群占比为67.4%，是上海中式烧烤主力人群，与全国中式烧烤消费人群年龄分布相仿。
- **人均消费价格**：上海中式烧烤店人均消费价格为62元，高于全国中式烧烤店人均消费价格18元。

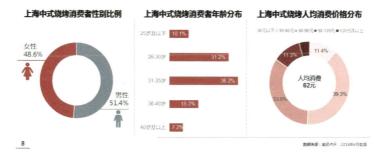

数据来源：美团点评，2018年6月数据

### 2 上海中式烧烤市场分析

## 上海中式烧烤消费者偏好推荐海鲜类食材

- **肉类食材推荐**：上海中式烧烤消费者更加偏好推荐海鲜类食材，猪肉类、鸡肉类食材相对推荐较少。
- **主流菜品推荐**：羊肉串、烤羊腿、烤扇贝是上海消费者推荐最多的烧烤菜品，食材上汇聚南北特色。
- **特色菜品推荐**：上海消费者推荐的特色菜品有烤带子、调味牛舌、调味五花肉，口味调制更多借鉴了日餐、韩餐技法。

2018年6月上海中式烧烤肉类食材推荐偏好　　2018年6月上海中式烧烤菜品推荐榜

### 2 上海中式烧烤市场分析

## 长寿路是上海中式烧烤最有价值商区

- **最有价值商区**：长寿路商区中式烧烤门店人均消费价格在上海各商区中排名第二位，而订单交易额高居各商区首位，堪称上海中式烧烤最有价值商区。
- **最热门商区**：五角场中式烧烤门店点评数在上海各商区中排名首位，订单交易额在各商区中排名第二，人气最旺。

## 2 上海中式烧烤市场分析

### 上海中式烧烤热评门店热度主要在于外部因素

- **热评门店评星**：热评门店在2018年上半年获得的评价中有74.3%是五星好评，高于上海中式烧烤店整体平均水平。
- **热评门店优势**：上海中式烧烤热评门店在口味、环境、服务上的评分领先优势都不明显，热度主要是在于商圈客流量等外部因素。

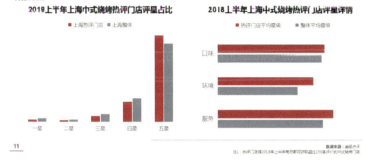

## 3 广州中式烧烤市场分析

### 广州中式烧烤市场处于快速增长态势

- **市场规模**：截至2018年6月，广州中式烧烤门店数量超过3100家，中式烧烤品类占比为1.6%，低于全国平均水平。
- **市场趋势**：自2017年一季度起，广州中式烧烤品类占比保持快速增长态势；广州餐饮市场逐渐接受中式烧烤这一品类，市场潜力得到释放。

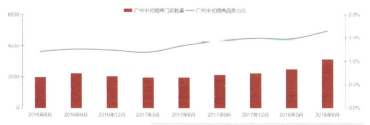

### 3 广州中式烧烤市场分析

## 季节因素对于广州中式烧烤市场影响较弱

- **快速增长**：广州市中式烧烤自2017年Q3(三季度)开始连续四个季度当季开店数高于关店数,行业市场快速增长。
- **季节因素**：2016年Q4(四季度)广州中式烧烤当季开店数略低于关店数,2017年Q4(四季度)当季开店数高于关店数；广州中式烧烤在四季度并没有出现关店潮,季节因素对于市场的影响要弱于北方城市。

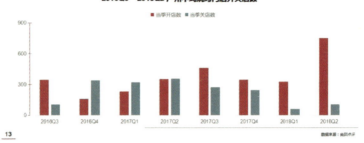

2016Q3—2018Q2 广州中式烧烤门店开关店数

### 3 广州中式烧烤市场分析

## 广州中式烧烤人均消费价格高于全国平均水平

- **消费者性别**：广州中式烧烤消费者性别比例均衡,男性占比48.9%,高于全国中式烧烤消费人群男性占比。
- **消费者年龄**：26-35岁人群占比为67.6%,是广州中式烧烤消费主力人群,与全国中式烧烤消费人群年龄分布相仿。
- **人均消费价格**：广州中式烧烤店人均消费价格为52元,高出全国中式烧烤店人均消费价格8元。

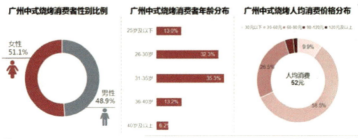

## 3 广州中式烧烤市场分析

### 广州中式烧烤消费者乐于推荐海鲜类食材

- **肉类食材推荐**：广州中式烧烤消费者更加偏好推荐海鲜类食材，猪肉类、牛肉食材相对推荐较少。
- **主流菜品推荐**：烤生蚝、羊肉串、烤茄子是广州消费者推荐最多的烧烤菜品，湛江生蚝是当地烧烤主打菜品。
- **特色菜品推荐**：广州消费者推荐的小众而有当地特色的菜品有烤元贝、烤榴莲、烤鸡肾。

2018年6月广州中式烧烤肉类食材推荐偏好 | 2018年6月广州中式烧烤菜品推荐榜

主流菜品：烤生蚝、羊肉串、烤茄子
特色菜品：烤元贝、烤榴莲、烤鸡肾

## 3 广州中式烧烤市场分析

### 钟村、石牌是广州中式烧烤大众消费热门商区

- **大众消费热门商区**：钟村、石牌在广州各商区中式烧烤门店评论数排名中位列第五，虽然商区门店人均消费价格不高，但两个商区订单交易额均仍位居各商区前五，属于中式烧烤大众消费热门商区。
- **中高端消费热门商区**：猎德在广州各商区人均消费中排名第三，订单交易额排名第一，属于中高端消费门商区。

| 广州中式烧烤点评数TOP 5 | 广州中式烧烤人均消费TOP5 | 广州中式烧烤订单交易额TOP5 |
|---|---|---|
| 1 江南西 | 1 建设六马路 | 1 猎德 |
| 2 钟村 | 2 南浦 | 2 广州东站 |
| 3 永泰 | 3 猎德 | 3 石牌 |
| 4 天河 | 4 二沙岛 | 4 东圃 |
| 5 石牌 | 5 黄边 | 5 钟村 |

### 3 广州中式烧烤市场分析

## 广州地区中式烧烤消费者看重菜品口味

- **热评门店评星**：热评门店在2018年上半年获得的评价中有80.8%是五星好评，高于广州中式烧烤店整体平均水平。
- **热评门店优势**：广州中式烧烤热评门店在口味、环境、服务上的评星差值处于相近水平，其热度是基于全方位的领先优势。在一线城市中，广州中式烧烤热评门店的口味评星分值是最高的，当地消费者更看重菜品口味。

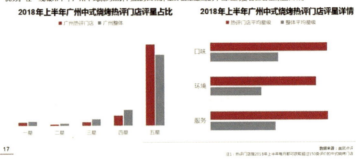

### 4 深圳中式烧烤市场分析

## 深圳中式烧烤市场连续4个季度保持增长

- **市场规模**：截至2018年6月，深圳中式烧烤门店数量超过4700家，中式烧烤品类占比[1]为2.6%，低于全国平均水平而高于广州中式烧烤品类占比。
- **市场趋势**：深圳中式烧烤门店数量自2017年Q3（三季度）开始连续4个季度保持增长，中式烧烤品类占比快速提升中。

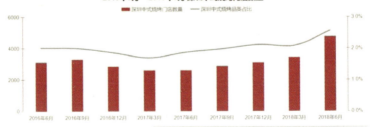

## 第6章 中式烧烤业态分析及报告

4 深圳中式烧烤市场分析

### 深圳中式烧烤市场表现与北方城市更为相似

- **快速增长**：深圳中式烧烤自2017年三季度开始连续4个季度当季开店数高于关店数，行业市场快速增长。
- **关店潮**：深圳中式烧烤在2016年Q4(四季度)同样遭遇关店潮，相比于广州，深圳中式烧烤市场表现与北方城市更为相似。

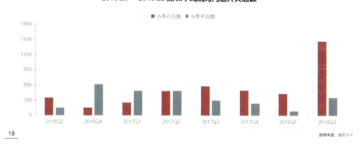

2016Q3—2018Q2 深圳中式烧烤门店开关店数

4 深圳中式烧烤市场分析

### 深圳中式烧烤人均消费以30-60元为主流

- **消费者性别**：深圳中式烧烤消费者性别比例均衡，男性占比49.8%，高于全国中式烧烤消费人群中男性占比。
- **消费者年龄**：26-35岁人群占比为67.6%，是深圳中式烧烤消费主力人群，与全国中式烧烤消费人群年龄分布相仿。
- **人均消费价格**：深圳中式烧烤店人均消费价格为55元，30-60元价位占比为62.8%，是当地中式烧烤消费主流。

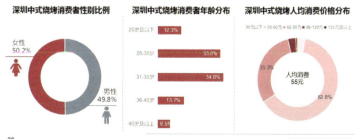

## 4 深圳中式烧烤市场分析
### 深圳中式烧烤以海鲜类食材为特色

- **肉类食材推荐**：深圳中式烧烤消费者更加偏好推荐海鲜类食材，其他肉类食材相对推荐较少。
- **主流菜品推荐**：烤生蚝、鸡脆骨、羊肉串是消费者推荐最多的烧烤菜品，湛江生蚝同样是深圳主打烧烤菜品。
- **特色菜品推荐**：消费者推荐的小众而有当地特色的菜品有烤干鱿鱼、烤海虾、黄蚬子，主要以海鲜类食材为特色。

#### 2018年6月深圳中式烧烤肉类食材推荐偏好

#### 2018年6月深圳中式烧烤菜品推荐榜

| 主流菜品 | 特色菜品 |
|---|---|
| 烤生蚝 | 烤干鱿鱼 |
| 鸡脆骨 | 烤海虾 |
| 羊肉串 | 黄蚬子 |

## 4 深圳中式烧烤市场分析
### 梅林、西丽是深圳中式烧烤热门商区

- **热门商区**：梅林、西丽包揽了深圳各商区中式烧烤门店评论数排名、订单交易额[1]排名前两位，是深圳中式烧烤市场最热门商区。
- **中高端消费热门商区**：车公庙在深圳各商区人均消费、订单交易额中都排名第四，属于中高端消费热门商区。

| 深圳中式烧烤 点评数TOP 5 | | 深圳中式烧烤 人均消费TOP5 | | 深圳中式烧烤 订单交易额TOP 5 | |
|---|---|---|---|---|---|
| 1 | 梅林 | 1 | 皇岗 | 1 | 西丽 |
| 2 | 西丽 | 2 | 八卦岭 | 2 | 梅林 |
| 3 | 华强南 | 3 | 香蜜湖 | 3 | 白石洲 |
| 4 | 南头 | 4 | 车公庙 | 4 | 车公庙 |
| 5 | 上沙 | 5 | 较场尾 | 5 | 南头 |

# 第7章
# 火锅市场分析及报告

## 7.1 火锅业态特点

火锅是有文化、有区域、有氛围、有食材、有吃法、有体量、有品牌的特殊餐饮品类。

火锅古时称为"古董羹",因食物投入沸水时发出的"咕咚"声而得名,是中国独创的美食,历史悠久。这是一种老少皆宜的食物,以锅为器具,以热源烧锅,以水或汤烧开来涮煮食物的烹调方式,其特色为边煮边吃,吃的时候食物仍热气腾腾,汤物合一在世界各地均有类似的料理,但主要在东亚地方特别盛行。

火锅现吃现烫,辣咸鲜,油而不腻,酣畅之极,解郁除湿按照火锅的地域、工艺、口味来分,可将火锅分为六大派系,以"麻辣"著称的川渝火锅,以"铜锅""炭火""涮羊肉"为精髓的北派火锅,以"海鲜"和"清淡汤底"为代表粤系火锅,简单快捷小火锅的台式火锅、"天然食材+酸辣口感"的云贵火锅,以及海南椰子鸡火锅、韩式火锅等其他火锅类型。男女老少、亲朋好友围着热气腾腾的火锅,洋溢着热烈融洽的气氛,火锅不仅是美食,更蕴含着社交的内涵,为火锅这一品类增添了色彩。

全国火锅店数量 2017 年稳定维持在 30 万家左右,二三季度火锅店规模略低于一四季度;2018 年前两个季度全国火锅店数量持续增长,2018 年第二季度达到近 40 万家,2017—2018 年中火锅店数量与全国餐饮门店数量涨幅一致,火锅店占全国餐饮门店比例稳定维持在 4%。

2017年前两季度全国火锅店市场竞争激烈,关店数显著高于开店数,第三季度后关店数/季度开店数比例逐渐降低,随着关店数减少和开店数增加,整个火锅行业市场规模逐渐增大。2017—2018年中各季度全国新开火锅店持续增长,2018年前两个季度全国火锅店关店数显著低于2017年各季度。

经过多年的发展,中国火锅业的产业链条已具雏形。四川、重庆、内蒙古、山东、河北、河南等地农牧业面向全国火锅餐饮市场,组建了辣椒、花椒、羊肉、香油、芝麻酱、粉丝、固体酒精等火锅常用原料、调料、燃料生产、加工、销售基地。

典型的火锅食材包括各种肉类、海鲜类、蔬菜类、豆制品类、菌菇类、蛋类制品等,将其放入煮开的清水或特制的高汤锅底烫熟后食用,有些吃法还会蘸上调味料一起食用。川渝火锅配牛肉、北派火锅涮羊肉、粤系火锅吃"精致"、台式火锅偏爱拼盘、云贵火锅重食材。虾滑百搭,成为各类火锅店最受欢迎的菜品之一。

从地域上看,全国火锅店主要集中在川渝、广东省和华中地区,全国火锅店以四川为中心逐渐向东北部地区扩展。从价格分布上看,行业近八成火锅店控制在30~80元之间,中等餐饮仍是火锅市场主流。而高端餐饮比例也有所提升:2017年年中至2018年年中80元以上火锅店占全国火锅店比例提升1.7%,门店数量增长51.6%。

2017年年中至2018年年中火锅品类连锁品牌数降低,其中5~10个门店的小连锁品牌数量减少 18%、超大型品牌数增长，在其他中小品牌连锁数量下降的同时，20 个以上门店的火锅品牌数量增加了 3%。

2017 年年中至 2018 年年中全国主要细分品类火锅店数量均增长 50% 及以上。粤系火锅是火锅中的"轻口味"，契合近年来消费者健康膳食的需求，2017 年年中至 2018 年年中粤系火锅店数量的增长率显著高于其他细分品类，达到 67.4%。

## 7.2 火锅消费者分析

火锅品类发展至今，形成了几个独特的现象：火锅消费用户整体男女比例为 4∶6，女性消费者更偏爱火锅，其中台式火锅女性占比最高（65%）；火锅消费用户整体 20~40 岁占比近九成，是主力人群。北派火锅、粤系火锅 30 岁以上消费用户略高于其他细分品类，台式火锅 30 岁及以下消费用户略高于其他细分品类。

从火锅品类的销售完整年度、月度订单量来看，秋冬是火锅消费的旺季，但夏季并不是传统认知上的"淡季"，8 月火锅订单量与 11 月、12 月相近，可谓淡季不淡，旺季更旺。川渝火锅、北派火锅、粤系火锅都存在与火锅整体相似的季节性特征，但台式火锅各月消费订单量较平稳，云贵火锅夏季订单量为全年最高，且无明显的季节性特征。

从大众点评的用户反馈数量来看，2018 年上半年较 2017 年上半年增长 24.3%，用户越来越愿意分享就餐体验。但好评占比减少，从半年点评评价分布来看，2018 年上半年较 2017 年上半年五星评价占比减少 7.2%，差评（一星、二星）占比增加 1%，火锅店整体评分降低。在用户反馈的评价中，口味好更能给火锅店带来好评：从大众点评 2018 年上半年评价数据来看，能获得总体五星评价的火锅店口味、环境、服务评价均是高分；从星级分布看，口味五星评价占比略高于环境和服务。服务做不好更能给火锅店带来差评：从 2018 年上半年评价数据看，总体给出差评（一星、二星）口味（77.7%）和服务（77.9%）的负面评价占比显著高于环境（64.0%），而一星评价占比服务（55.2%）显著高于口味（45.9%）和环境（36.9%）。其中，云贵火锅好评占比最高，台式火锅差评占比最高：从 2018 年上半年总体点评数据看，云贵火锅好评占比（87.9%，火锅整体 85.0%）最高，其中五星评价占比达到 63.1%；台式火锅差评占比（7.7%，火锅整体 6.5%）最高，其中一星评价占比 5.2%。

## 7.3　火锅行业发展趋势

在火锅这个品类中，八成企业盈利，整体看新三板火锅产业企业 7/9 实现盈利，但仅有 3/9 净利润过千万元。融资难、需求大成为火锅品类的共同问题，公开数据显示伊赛牛肉融资 1.8 亿元、百味斋融资 0.2 亿元，而香草香草、华磊股份均因为融资未达到预期终止新三板挂牌。

这其中的代表性模式有以下几种：

产业链布局：以颐海、蜀海为代表的企业布局全产业链发展模式，满足"内部经营需求＋外部 2B 服务"拓展。

模式布局：以"U 鼎冒菜快餐（一人餐）＋海底捞正餐（多人餐）"为代表的火锅满足用户不同类型就餐目的需求。

场景布局：以海底捞到店、到家、零售（自热小火锅）为代表的火锅开始满足用户各种场景"吃火锅"的需求。

食品化是餐饮零售的终极形态：方便火锅作为火锅行业的食品化产品，以"线下商超＋线上微电商"两渠道结合的立体化经营模式快速进行市场拓展。

多领域巨头布局方便火锅：快节奏的生活步伐催生了懒人经济，主流消费人群的集体需求刺激了方便食品的流行，火锅行业典型企业（海底捞、大龙焱、小龙坎、井格、重庆德庄）、食品零售行业巨头（统一、百草味、良品铺子等）巨头企业等纷纷布局方便火锅。

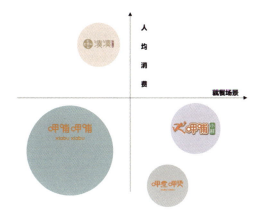

## 7.4 《2018年中国火锅报告》之细分品类报告

### 全国川渝火锅店典型品类情况

- **分类**：按照主要主打的地方口味和主要食材将川渝火锅的典型细分品类分为串串香、鱼火锅、重庆火锅和四川火锅。
- **增长**：受众年轻、人均消费低、选择多样等优势让串串香快速增长，门店数量显著高于其他细分品类。

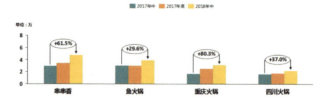

2017—2018年全国川渝火锅典型细分品类数量

### 全国川渝火锅店价格分布

- **趋同**全国火锅店整体价格分布：中等餐饮（30-80元）占比近八成。
- **高端餐饮提升更快**：2017年年中至2018年年中，80元及以上川渝火锅店占全国川渝火锅店比例提升2.2%（火锅整体提升1.7%）。
- **低端餐饮占比更低**：2018年年中30元以下川渝火锅店占比11.7%，低于火锅整体的14.2%。

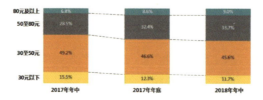

2017—2018年全国川渝火锅店价格分布

第 7 章 火锅市场分析及报告 | 251

### 全国川渝火锅地域分布

- **集中度**：全国川渝火锅店主要集中在四川、重庆及相邻的陕西
- **分布**：全国川渝火锅店以川渝为中心逐渐向全国拓展，其中西北、华北地区火锅店数量高于其他地区

### 全国川渝火锅店-串串香

- **竞争情况**：2017年至2018年中全国串串香开店数逐渐增多，半年关店数/半年开店数比例逐渐下降，串串香市场规模逐渐增大。
- **价格分布**：串串香价格分布主要集中在中等餐饮（30-80元），占比近八成，区别于火锅整体结构，串串香高端餐饮占比仅2%（火锅整体8.7%），低端餐饮占比17.8%（火锅整体14.2%），但低端餐饮占比下降较快（2017年年中至2018年年中占比下降9.4%）。

**2017—2018年中全国串串香竞争情况**

**2017—2018年中全国串串香价格分布**

数据来源：美团点评

### 全国川渝火锅店-鱼火锅

- **竞争情况**：2017年至2018年年中全国鱼火锅开店数逐渐增多，关店数逐渐减少，鱼火锅迎来蓝海。
- **价格分布**：趋同于全国火锅价格分布，高端餐饮占比略低。

**2017—2018年中全国鱼火锅竞争情况**

**20107—2018年年中全国鱼火锅价格分布**

数据来源：美团点评

## 全国川渝火锅店-重庆火锅

- **竞争情况**：2017年至2018年年中全国重庆火锅关店数逐渐增多，但开店数仍显著高于关店数。
- **价格分布**：重庆火锅同样集中在中等餐饮，与火锅整体是不同的纺锤形结构，重庆火锅高端餐饮占比高达15.1%，低端餐饮占比仅为5.1%。

**2017—2018年年中全国重庆火锅竞争情况**

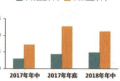

**2017—2018年年中全国重庆火锅价格分布**

数据来源：美团点评

## 全国川渝火锅店-四川火锅

- **竞争情况**：2017年至2018年年中全国四川火锅开店数增多、关店数减少，市场淘汰率降低。
- **价格分布**：同重庆火锅相近，低端餐饮占比略高重庆火锅

**2017—2018年年中全国四川火锅竞争情况**

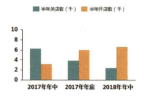

**2017—2018年年中全国四川火锅价格分布**

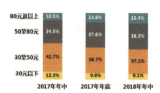

数据来源：美团点评

## 全国北派火锅店典型品类情况

- **分类**：北派火锅的典型品类分为老北京火锅、羊蝎子火锅、汤锅
- **增长**：随着消费结构升级和消费口味多元化，北派火锅近一年均有较快增长。其中，汤锅、羊蝎子火锅增长率均过半

### 2017—2018年年中全国北派火锅典型细分品类数量

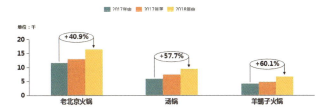

数据来源：美团点评

## 全国北派火锅店价格分布

- **趋同全国火锅店整体价格分布**：中等餐饮（30-80元）占比80.6%。
- **高端餐饮提升更快**：2017年年中至2018年年中，80元及以上北派火锅店占全国北派火锅店比例提升2.1%（整体提升1.7%）。
- **低端餐饮占比更低**：2018年年中30元以下北派火锅店占比10.2%，低于火锅整体的14.2%。

### 2017年中—2018年中全国北派火锅店价格分布

数据来源：美团点评

### 全国北派火锅店地域分布

- **集中度**：全国北派火锅店主要集中在华中地区及"火锅大省"四川。
- **分布**：全国北派火锅店围绕华中和四川两个中心点辐射式发展。

### 全国北派火锅店-老北京火锅

- **竞争情况**：2017年至2018年年中全国老北京火锅开店数增多、关店数减小，市场淘汰率下降。
- **价格分布**：老北京火锅价格分布与重庆火锅相近，与火锅整体是不同的纺锤形结构，老北京火锅高端餐饮占比14.5%，显著高于火锅整体的8.7%，低端餐饮占比仅8.0%，显著低于火锅整体的14.2%。

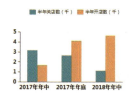

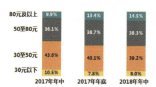

### 全国北派火锅店-汤锅

- **竞争情况**：2017年至2018年年中全国汤锅关店数/开店数比例逐渐降低，市场淘汰率下降。
- **价格分布**：趋同于全国火锅价格分布，高端餐饮占比略低。

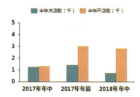

## 全国北派火锅店-羊蝎子火锅

- **竞争情况**：2017年至2018年年中全国羊蝎子火锅开店数增多，关店数/开店数比例逐渐降低，市场规模逐渐增大。
- **价格分布**：羊蝎子火锅餐饮集中程度高于其他火锅细分品类，占比达到近九成。

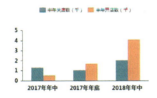

2017—2018年年中全国羊蝎子火锅竞争情况

2017—2018年年中全国羊蝎子火锅价格分布

数据来源：美团点评

## 全国粤系火锅店情况

- **竞争情况**：2017年至2018年年中全国老北京火锅开店数增多、关店数减小。
- **价格分布**：粤系火锅同样集中在中等餐饮（占比76%），粤系火锅高端餐饮占比为所有火锅品类中最高，达到18.3%。

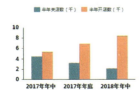

2017—2018年年中全国粤系火锅竞争情况

2017—2018年年中全国粤系火锅价格分布

数据来源：美团点评

### 全国粤系火锅店地域分布

- **集中度**：全国粤系火锅店主要集中在广东省地区。
- **分布**：全国粤系火锅店以广东为核心向西南和东部沿海等地区扩展。

### 全国台式火锅店地域分布

- **集中度**：全国台式火锅店主要集中在河南、河北、陕西、山东等北方地区。
- **分布**：全国台式火锅店主要向东北、华北、西北地区扩展。

### 全国云贵火锅店竞争情况

- **竞争情况**：2017年至2018年年中全国云贵火锅开店数逐渐增多，关店数逐渐减少，云贵火锅迎蓝海
- **价格分布**：云贵火锅主要集中在中等餐饮，但50至80元价格区间占比低于整体火锅该价格区占比（31.9%），30至50元价格区间占比高于整体火锅该价格区占比（45.2%）。

2017—2018年年中全国云贵火锅店竞争情况

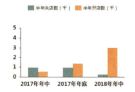

2017—2018年年中全国云贵火锅店价格分布

数据来源：美团点评

## 全国云贵火锅店地域分布

- **集中度**：全国云贵火锅店以云南为核心
- **分布**：全国云贵火锅店主要在西南地区，向与云南相邻四川、贵州、广西等省份扩展，山东、河北、河南、湖南等华北、华中地区云贵火锅店数量也有逐渐增加

## 全国台式火锅店情况

- **竞争情况**：2017年至2018年年中全国台式火锅关店数/开店数比例逐渐降低，开店数逐渐增长，市场规模逐渐增大，竞争激烈程度降低。
- **价格分布**：台式火锅主要集中在惠民型消费，30元以下占比近五成，显著高于其他细分火锅品类，主要原因是台式火锅以小火锅形式为主，一人餐场景较普遍。

2017—2018年年中全国台式火锅竞争情况

2017—2018年年中全国台式火锅价格分布

数据来源：美团点评

# 第8章
# 新茶饮的分析及报告

过去，茶和可可、咖啡，被并称为"世界三大饮料"，风头正盛的"新茶饮"打破了人们的固有认知，让茶文化得以更好地融入现代社会中。茶饮，在售卖方式上学习了咖啡的方法，用卖咖啡的方式卖茶，不仅实现了从档口店向空间体验店的过渡，同时也融入了休闲化、文创化、品质化等元素，对传统茶饮进行了全方位的升级。

中国现制饮品行业起源于港台地区，港台品牌将现制饮品的产品设计、经营管理等成功经验引入了内地市场。内地现制饮品品牌开始结合本地市场、借助互联网工具进行深化运营，现制饮品行业走向创新升级。

## 8.1 2018 年是新茶饮的元年

现制饮品行业指以现场制作、现场销售为业务特征的饮品服务形式，涵盖奶茶、水果茶、果汁、咖啡等饮品类型，国内现制饮品行业主要包括现制茶饮、现制咖啡和其他现制饮品。经历了新品牌的涌入和连锁品牌的规模化扩张后，2018 年现制饮品市场全面爆发，不仅数量激增，而且关店数放缓，开店数保持在高位，市场盘子变大，而在连锁品牌持续发展，呈现门店数量增速慢于行业增速的特点。

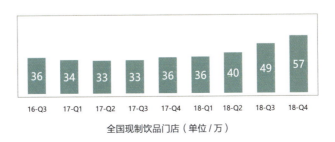

全国现制饮品门店（单位/万）

购买力升级，消费理念提升，技术变革等"新消费环境"成为现制饮品行业的发展契机，而现制饮品行业准入门槛低，对于店面大小、人员规模、启动资金方面求较低，可以快速启动经营；制作更标准化：现制饮品操作步骤明确，原材料固定，操作因人不同而产生口感差异较小，对操作人要求低；模式更易复制：现制饮品产品制作流程标准，准入门槛低，店面装修、产品设计、营销手段可以快速复制；品牌扩张较快：现制饮品门店资金投入相对较低，在资本支持下，采用连锁、直营等方式可以快速大张门店数量。在移动互联网的赋能下，让现制饮品的发展方向有了更多的可能性。创新升级后的新品牌成为资本市场的新宠，各路资本加速入场，促进了现制饮品行业市场发展。

消费人群细分、消费需求细分、消费场景细分，消费品正在走向多元化、个性化，如同烧烤和火锅品类一样，现制饮品的年轻群体成为消费主力，社交属性影响产生的消费显著增加。现制饮品店人均消费集中于30元以下，惠民的低价让饮品空间变得更大。

现制茶饮的新增长，源于对常规饮料的替代和消费群体对"健康茶饮"的需求，饮料类成交额增速放缓，消费者对冲调类热饮、瓶装类果汁和碳酸饮料等需求逐渐下降。与此同时体现出增量需求：中国茶叶消费量保持增长，随着消费升级和追求健康等因素，茶饮搭配"饮品"元素，更易被年轻人接受。而茶饮走入了进阶迭代，由粉末、街头时代走向新式茶饮时代。

### 1.0 粉末时代

口味：以粉末冲调，不含茶不含奶；

环境：档口店居多；

品牌营销：传统街头营销方式。

### 2.0 街头时代

口味：茶末和茶渣，配以鲜奶；

环境：档口店居多；

品牌营销：传统街头营销方式。

### 3.0 新式茶饮

口味：专业设备精萃上等茶叶，配以奶盖、水果；

环境：较大的门店空间，环境好，适合休息小憩；

品牌营销：借助网红经济和社交性营销方式。

新式茶饮具有以下五个特征:

更健康、高颜值、有故事、空间感、数据化经营。

截至 2018 年第三季度,全国现制茶饮门店数达到 41 万家,较 2017 年第 3 季度增长 18 万家门店,年增长率 74%。2016 年至 2018 年年中,全国各级别城市现制茶饮门店数量均有增长,从增长数量和增长率数据来看,城市级别越低增长速度越快,未来伴随着消费升级的逐渐下沉,现制茶饮行业还将拥有巨大的市场发展空间。与此同时,数据显示,现制茶饮店中有 44% 的店售卖甜品、有 40% 的店售卖轻食、有 27% 有店售卖咖啡,品类界线越来越模糊,契合"爆米花效应",高速成长的行业中会出现周边产品的盈利性机会,也证明了以消费者口味为中心的丰富产品线是大势所趋。

现制饮品有几个具有代表性的细分行业发生着巨大变化。

比如咖啡行业,咖啡满足人们三层次需求——生理需求、情感需求、社交需求。我国咖啡人均年饮用量仅为全球的 2.4%，在中国市场极具潜力，从咖啡消费市场规模及人均年饮用量来看，我国和全球平均水平有较大差距，市场存在较大发展空间。从咖啡饮用结构上看，全球范围内现磨咖啡在咖啡总消费量中的占比超过 87%，速溶咖啡占比小于 13%。而在中国，速溶咖啡占据着 84% 的市场份额，现磨咖啡的市场份额仅约 16%。国内咖啡消费以速溶为主，现磨咖啡提升空间较大。

速溶咖啡的消费渠道主要包括社区超市、大型综合超市、电商等。

现磨咖啡是指使用咖啡豆、咖啡粉、咖啡机调试咖啡，适用于对咖啡品质和口感有较高追求的客户，主要消费渠道是咖啡馆、便利店、家庭、办公室等。

全球咖啡消费分布

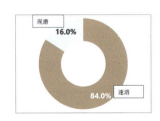

我国咖啡消费分布

2018年第3季度全国现制咖啡门店数重回10万家以上，较2016年同期仍少了1.6万家门店，整体看，2017年受高成本压力和新零售咖啡兴起的影响，各级别城市门店数均有下降，2018年，由于资本助力，全国各级别城市现制咖啡饮品门店数量均有增长。现制茶饮消费价格提升，消费价格在15元以下门店占比下降，而咖啡品类，消费价格在50元以上门店占比达到19%，且在过去一年"高价位"门店占比提升，符合咖啡"高品质"生活消费特征。

现制茶饮外卖行业风起云涌，现制茶饮规模增速整体高于现制咖啡。2018年第3季度，现制茶饮外卖商家规模同比增长了56.8%，而现制咖啡增长了22.0%。2016年第1季度到2018年第3季度，现制饮品业务均保持高速增长，其中现制茶饮外卖订单数季度复合增长率为38%，而现制咖啡季度复合增长率为27%。2018年10月，现制茶饮外卖客单价为32.2元，现制咖啡外卖客单价为48.7元，分别较2016年同期上涨了1.0元（3.2%）和4.6元（10.3%），消费者在现制咖啡外卖上的消费力要强于现制茶饮。

## 8.2  消费者分析

消费者正在形成现制咖啡外卖消费习惯，在茶饮外卖中，男性消费者对现制饮品的消费频率略高于女性消费者；据2018年10月数据显示，男性消费者在现制茶饮上的消费频率略高于咖啡，女性消费者在现制咖啡上的消费略高于茶饮。其中，住宅区是现制饮品外卖最主要的消费场景；写字楼现制咖啡订单占比较高，源于白领人群对咖啡提神功效的需求大；学校现制茶饮订单占比略高，源于学生群体对价格的敏感性强。

从用户情况来看，有几个显著特征。女性为现制饮品消费主力人群，而现制咖啡较现制茶饮男性消费用户占比略高，"00后""90后"后为现制饮品消费的主力人群，现制咖啡消费群体较现制茶饮消费群体更加成熟。白领人群为现制饮品消费主力人群，但无论现制茶饮还是现制咖啡上白领人群占比均有下降趋势；而学生消费群体占比提升，且学生消费群体在现制茶饮的消费占比高于现制咖啡。现制咖啡中高收入群体占比较现制茶饮高，现制饮品低收入群体占比提升。

从消费心理的角度来看，现制茶饮主要消费动机是"喜欢"，现制咖啡主要消费动机是"功效"。

66%的现制茶饮消费者因为"喜欢，看到就要喝"而购买，58%的现制咖啡消费者因为"提神，消除疲劳"的功效性而购买；同时有42%的现制茶饮消费者和46%的现制咖啡消费者会因为饮品店"第三空间"属性而购买现制饮品。另外，"网红文化"对消费者的影响颇深，消费者通过新媒体去分享、评价并推荐朋友去尝试网红店，也因为"晒"的需求，环境成为消费者心中的"刚需"。但"产品口味好，符合我的需求"是现制饮品消费者的核心关注需求，其次，现制茶饮消费者更关注"优惠活动"，现制咖啡消费者更关注"产品品质高、原材料好"，这也很好地解释了为什么现制咖啡品牌会强调咖啡豆产地这一要素。

从消费品类上来看，以咖啡和奶茶关键词的热搜量看，消费者对"咖啡"的搜索热度有所减弱，而同样具有"提神"功效且爆款频出的奶茶逐渐吸引消费者注意力。一年四季除冬季外其他三季冷饮评论热度显著高于热饮，消费者对"冷饮"的偏爱，同时也印证了近年来"冷萃冰咖啡"等单品火爆的原因。另外，新式茶饮受欢迎，而拿铁为成最受消费者推荐的咖啡类单品，消费者钟爱果茶茶底，喜欢搭配"奶盖、珍珠、布蕾"。

从消费周期上来看，现制饮品有明显季节性周期，夏季为消费高峰期，现制饮品的日消费覆盖中午、下午茶、晚上时间段，冬季的消费高峰在下午茶时间（15:00-16:00），夏季的消费高峰在晚餐时间（18:00-20:00）。茶饮消费用户次月复购率呈上升趋势，茶饮用户黏性逐渐增强。北京市季节不同消费高峰不同，春、冬季节下午茶时间是消费高峰，夏季午、晚餐时间是消费高峰；上海市四季消费高峰均为午餐时间，冬季的下午茶时间和夏季的晚餐时间也为消费高峰；广州市全年下午茶时间是消费高峰。消费高峰，在北京、上海、广州等地消费高峰差异很大。

2018年算得上是"中国新式茶饮元年"，从健康的基本需求升级开始，审美升级是消费升级的直接表现，对社交的需求、对消费场景的需求，对茶饮大IP的追逐，让茶饮行业变得更多元，目前我们还没有定论，未来我们期待茶饮行业有更多的精彩表现。

## 8.3 美团点评《2019中国饮品行业趋势发展报告》之用户数据洞察

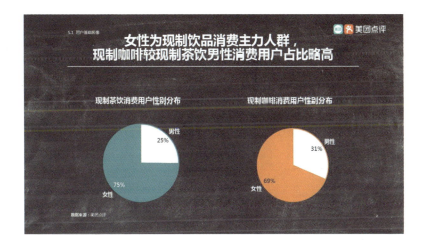

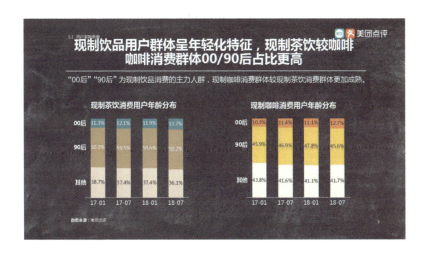

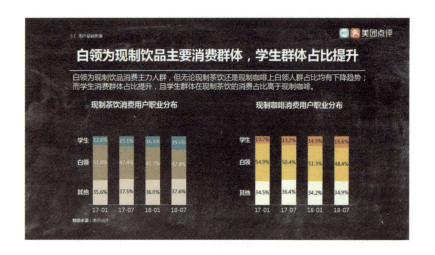

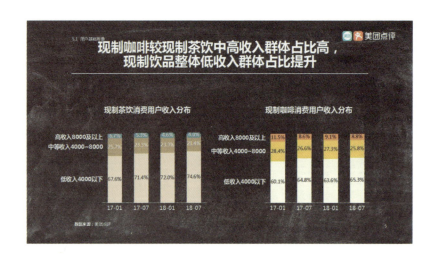

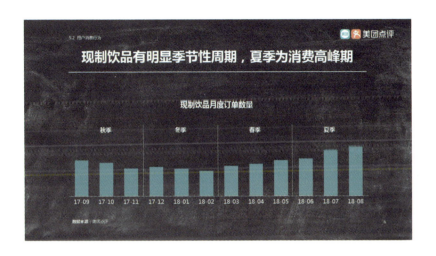

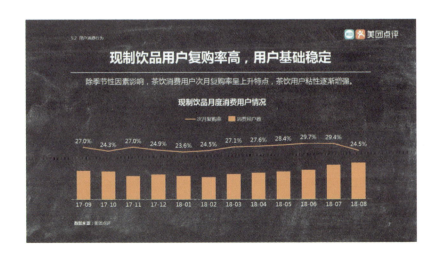

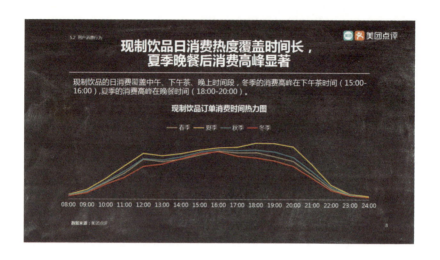

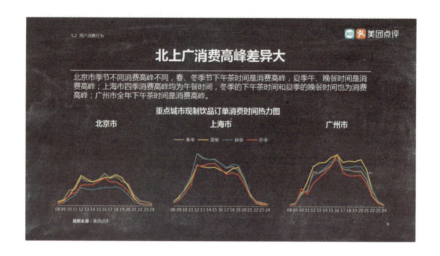

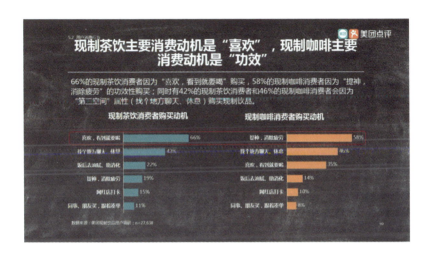

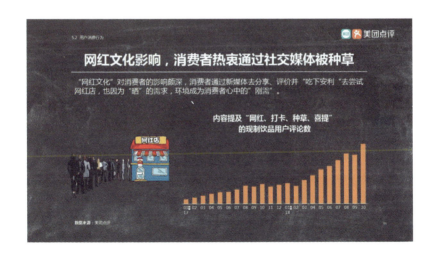

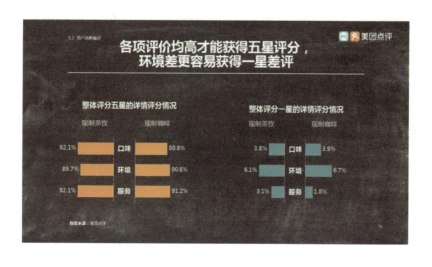

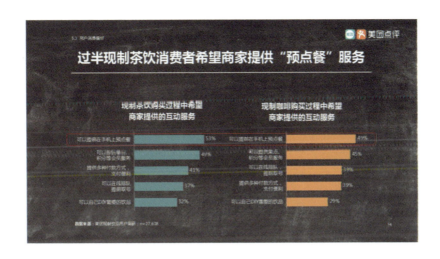

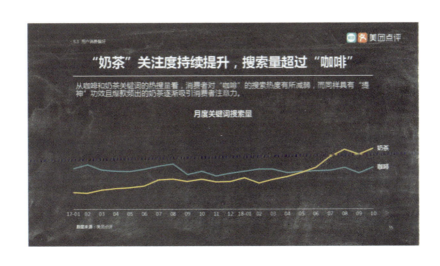

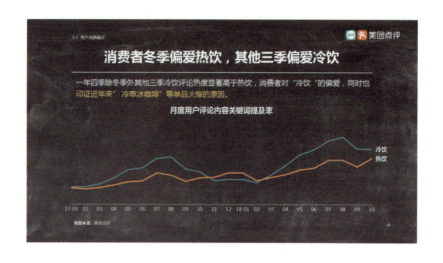

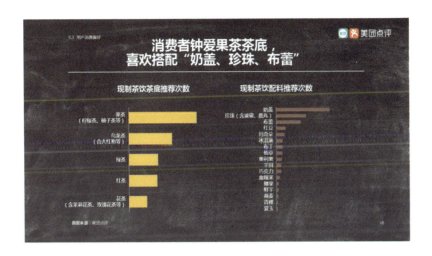

# 附录
## 产业互联网时代,美团点评六大服务

# 附录 产业互联网时代,美团点评六大服务

美团点评作为全国生活性服务行业电子商务平台,目前正在为 510 万的商家提供线上线下交易服务,其中绝大部分商家是中小微企业,2018 年上半年商家在平台获得的收入(平台交易额)达到 2319 亿元,同比增长 55.6%。为了能更深入地服务好餐饮整个产业,美团点评在持续为商家提供营销服务的同时,将服务延伸至对商家来说更重、更累的后端,包括IT、金融、供应链等方面,总结为六大服务。

## 营销服务:助力中小微企业开拓市场

对于中小微企业而言,如何在有限的营销预算内,实现精准、高效营销,如何享受到移动互联网时代营销带来的价值与红利,成为商家当下面临的重要挑战。美团点评平台连接着 3.57 亿活跃用户,通过接入平台,中小微商户可以在线上精准曝光,并依托平台 LBS 定向能力和数据优势精准触达目标

用户，实现巨大的流量曝光，极大提高获客能力。美团还提出"线上线下一体化营销"理念，建立从门店的广告内容展示、交易到口碑积累、门店综合打分的营销正循环，有力地提升了复购率及忠诚度。

## IT 服务：让门店的 IT 系统互联网化

随着移动互联网和移动支付的发展，传统的收银软件已经支撑不了现在商家开店的需求，美团点评投入巨资为餐饮商家研发新一代智能收银系统及收单 POS 系统，在满足商家效率服务的基础上，更将线上线下信息全打通，帮助商家实现线上线下一体化。例如，美团基于平台开发的第四代智能收银可以帮助餐厅无缝对接外卖订单，也可以帮助餐厅在线下开店的同时一键开通线上店铺。更重要的是美团点评在全国配置了上万名服务人员来为餐厅提供随时上门服务，这在传统收银软件行业基本是无法实现的。

美团开发的智能收单 POS 机，目前在餐饮市场覆盖率位居第一。目前，美团智能 POS 机聚合了所有主流支付方式于一身，包括刷卡、微信、支付宝、银联云闪付、Apple Pay、美团点评客户端等方面，同时由于智能可拓展的优势，还能不断扩充功能。通过美团智能 POS，商家可以通过一店一机实现便捷、聚合、高效的收银，提高收银效率，节约成本，有效解决了消费者在支付过程中的聚合支付痛点。

## 经营服务：提升中小微企业的经营水平

当我们将收银软件和线上数据打通后，就可以帮助商家收集最全的、多维度的数据,通过对这些数据进行分析,就可以更好地分析选定商圈中人的年龄、性别的分布以及他们的消费档次、消费频次、餐饮喜好、用餐人数等,从而得出正确的选址结论,避免选址不当导致的经营失败。同时美团点评餐饮学院已经在全国开设了上百次线下课程以及上百万次的线上课程,帮助餐饮企业在新时代下更深刻地理解新餐饮,提升数据化思维和精细化的运营能力。

### 金融服务:助力破解中小微企业融资难题

餐饮业是中小微企业的集中地,金融服务稀缺制约着行业发展,无论是布局外卖新业务模式,还是餐厅管理、营销升级改造,都需要金融的匹配支持。针对中小微企业融资需求,美团推出"美团生意贷"等普惠金融服务,通过平台大数据与人工智能技术,为广大生活服务行业的微小商家和个体工商户提供无担保、方便快捷的信用贷款,助力解决了普惠金融"最后一公里"问题。目前,美团"生意贷"的业务已经覆盖全国 1556 个县域,其中包括 268 个贫困县;户均贷款额为 8 万元;不良率低于 1%。在山西开川菜馆的王女士为了改善经营情况,先后通过"美团生意贷"申请共计 20 万元的贷款,并参与美团商家线上营销推广。由此,王女士不仅解决了店铺进货周转资金,也解决了开店初期的获客难题,对美团金融服务深表赞许。

### 供应链服务:优化中小微企业供应链管理

餐饮等行业传统的中小企业在原材料供应等方面普遍缺乏专业化精细化管理。为了帮助餐饮商家降低进货成本、提升品质、提高安全可靠性,美团发挥行业内最了解餐饮客户需求、拥有海量餐饮行业信息数据的优势,进一步深入餐饮产业上游，推出了"快驴进货"业务，为平台商家提供包括米、面、油、餐具、纸巾、一次性用品、打印机、酒水饮料等比市面价格更低的产品及进货服务，相比其他餐饮 B2B 单纯地撮合餐饮商家及供应商交易的模式，服务更加丰富、供应速度更快。目前，美团快驴进货业务已经覆盖全国 38 个城市，350 个区县，服务超过 20 万家商户，年交易额约 4 亿元。

## 物流服务：增强中小微企业产品配送能力

外卖配送能力弱是餐饮等行业中小微企业的普遍问题。为了解决这个短板，美团建立了强大的外卖配送能力，旗下外卖骑手超过 50 万。同时研发了外卖智能配送调度系统，在用户超过 3 亿、商户超过 510 万、骑手超过 50 万、每天 2000 多万个订单的大规模、高复杂度的场景下，运用精准画像建模和配送特征预估、多目标实时优化调度、分布式配送仿真等创新技术手段，在极短的时间内通过数亿次的计算，规划出最优的路线，实时追踪骑手运动方向、实时位置、未配送订单、目的地等情况，按照最优的方式分派订单，让美团外卖实现单配送时长降至 28 分钟以内的突破。美团还开发了冷热分层的智能温控配送箱，不仅"知冷知热"，而且还搭载了可以快速充电的锂电池，解决了"饭凉了""冰淇淋化了"这样的用户痛点。